能源行业新工科人才
创新创业能力培养探索与实践
系列丛书

丛书主编 | 刘向君

社会主义核心价值观
融入大学生创新创业教育研究

吴 放 姚 远 ◎著

项目策划：李思莹　毛张琳
责任编辑：毛张琳
责任校对：罗永平
封面设计：墨创文化
责任印制：王　炜

图书在版编目（CIP）数据

社会主义核心价值观融入大学生创新创业教育研究 / 吴放，姚远著. — 成都：四川大学出版社，2021.4
ISBN 978-7-5690-3584-1

Ⅰ. ①社… Ⅱ. ①吴… ②姚… Ⅲ. ①大学生－创业－研究 Ⅳ. ① G647.38

中国版本图书馆 CIP 数据核字（2021）第 053121 号

书　名	社会主义核心价值观融入大学生创新创业教育研究
著　者	吴　放　姚　远
出　版	四川大学出版社
地　址	成都市一环路南一段 24 号（610065）
发　行	四川大学出版社
书　号	ISBN 978-7-5690-3584-1
印前制作	四川胜翔数码印务设计有限公司
印　刷	成都金龙印务有限责任公司
成品尺寸	170mm×240mm
印　张	9.75
字　数	160 千字
版　次	2021 年 6 月第 1 版
印　次	2021 年 6 月第 1 次印刷
定　价	48.00 元

版权所有 ◆ 侵权必究

◆ 读者邮购本书，请与本社发行科联系。
　电话：(028)85408408/(028)85401670/(028)86408023　邮政编码：610065
◆ 本社图书如有印装质量问题，请寄回出版社调换。
◆ 网址：http://press.scu.edu.cn

四川大学出版社
微信公众号

序　言

当前，大学生创新创业教育已成为高等教育体系中不可或缺的一个环节，如何让创新创业教育方式多样化、影响深入化、结果持久化已经成为当下高等教育不断追求的目标和探索的方向。本书以社会主义核心价值观为引领，以高校创新创业教育为探讨对象，将社会主义核心价值观与高校大学生创新创业教育相结合，并对此展开研究讨论。

本书共包含九部分内容，从社会主义核心价值观和大学生创新创业教育背景出发，通过对社会主义核心价值观融入大学生创新创业教育的必要性、可行性进行分析，阐明当下社会主义核心价值观融入大学生创新创业教育中的主要矛盾和次要矛盾，从而挖掘融入社会主义核心价值观的大学生创新创业教育的本质和内涵，确立社会主义核心价值观对大学生创新创业教育的价值引领地位，并从大学生创新创业教育课程体系、大学生创新创业教育实践活动、大学生创新创业教育保障体系三个方面巩固和证明其核心地位。另外对社会主义核心价值观融入大学生创新创业教育的评价机制进行了创新性处理，立足学生和高校两个层面，从创新创业教育过程和创新创业教育结果两个维度出发，选择指标，采用层次分析法和熵值法，对创新创业评价指标进行综合处理，从而探索出较为全面客观的创新创业教育评价机制。

本书较为全面地研究了社会主义核心价值观引领下大学生创新创业教育的方式和存在的问题，具有一定的创新性和参考价值，可作为高校开展创新创业教育的参考。

本书为西南石油大学 2020 年度创新创业研究基金项目"社会主义

核心价值观融入大学生创新创业教育研究"（项目编号：2020RW024）研究成果。本书绪论至第七章由吴放撰写，第八章、第九章由姚远撰写。

目 录

绪 论 …………………………………………………………（ 1 ）

第一章　社会主义核心价值观融入大学生创新创业教育的必要性
　…………………………………………………………………（ 9 ）
　　第一节　帮助大学生更好地融入创新型社会………………（ 9 ）
　　第二节　建立完善的高校创新创业教育体系………………（ 10 ）
　　第三节　创新社会主义核心价值观教育载体………………（ 12 ）
　　第四节　推动创新创业实践发展的必然要求………………（ 18 ）

第二章　社会主义核心价值观融入大学生创新创业教育的可行性
　…………………………………………………………………（ 21 ）
　　第一节　社会主义核心价值观融入大学生创新创业教育的理论
　　　　　　支撑……………………………………………………（ 21 ）
　　第二节　社会主义核心价值观融入大学生创新创业教育的现实
　　　　　　依据……………………………………………………（ 22 ）
　　第三节　社会主义核心价值观与大学生创新创业教育的内在联系
　　　　　　…………………………………………………………（ 23 ）
　　第四节　国家政策提供保障…………………………………（ 25 ）
　　第五节　多年的创新创业教育实践提供经验………………（ 26 ）

第三章　社会主义核心价值观融入大学生创新创业教育的现状及
　　　　困境……………………………………………………（ 27 ）
　　第一节　社会主义核心价值观融入大学生创新创业教育现状及
　　　　　　分析……………………………………………………（ 27 ）

第二节　社会主义核心价值观融入大学生创新创业教育存在的主要问题……………………………………………………（37）

第三节　社会主义核心价值观融入大学生创新创业教育存在问题的原因……………………………………………………（41）

第四章　社会主义核心价值观融入大学生创新创业教育的内涵……………………………………………………………（46）

第一节　社会主义核心价值观及大学生创新创业教育的内涵……………………………………………………………（46）

第二节　社会主义核心价值观对大学生创新创业教育的丰富……………………………………………………………（47）

第三节　提高大学生综合素质和修养…………………………（52）

第五章　社会主义核心价值观融入大学生创新创业教育价值引领……………………………………………………………（55）

第一节　引领大学生的创新创业价值取向……………………（55）

第二节　提高大学生的创新创业道德修养……………………（58）

第三节　提升大学生的创新创业基本能力……………………（59）

第六章　社会主义核心价值观融入大学生创新创业教育课程体系……………………………………………………………（63）

第一节　明确创新创业教育课程的育人地位…………………（63）

第二节　完善创新创业教育课程的模块内容…………………（67）

第三节　提升创新创业教育课程的育人实效…………………（69）

第七章　社会主义核心价值观融入大学生创新创业教育实践活动……………………………………………………………（72）

第一节　以社会主义核心价值观引领校内创新创业实践活动……………………………………………………………（72）

第二节　以社会主义核心价值观约束校外创新创业实践活动……………………………………………………………（76）

第八章 社会主义核心价值观融入大学生创新创业教育保障体系 …………………………………………………………（80）
- 第一节 创新创业教育组织机构保障……………………（80）
- 第二节 专业化师资队伍保障……………………………（83）
- 第三节 政府企业服务平台保障…………………………（86）

第九章 社会主义核心价值观融入大学生创新创业教育的评价机制 ………………………………………………………（90）
- 第一节 社会主义核心价值观融入大学生创新创业教育的评价功能 ………………………………………………（90）
- 第二节 社会主义核心价值观融入大学生创新创业教育的评价原则 ………………………………………………（93）
- 第三节 社会主义核心价值观融入大学生创新创业教育的评价方法 ………………………………………………（95）

附录

- 附录1 社会主义核心价值观融入大学生创新创业教育现状调查问卷 …………………………………………………（104）
- 附录2 社会主义核心价值观融入大学生创新创业教育访谈提纲 …………………………………………………………（109）
- 附录3 《关于培育和践行社会主义核心价值观的意见》………（111）
- 附录4 《关于深化高等学校创新创业教育改革的实施意见》…………………………………………………………（120）
- 附录5 《关于进一步做好新形势下就业创业工作的意见》……（127）
- 附录6 《关于在各级各类学校推动培育和践行社会主义核心价值观长效机制建设的意见》………………………………（137）

参考文献…………………………………………………………（144）

绪　论

一、社会主义核心价值观融入大学生创新创业教育的研究背景

（一）就业形势严峻，"以创带就"成为新出路

高校扩招为高素质劳动力人口带来了红利，但其存在的问题也逐渐引起社会的关注。近年来，我国经济结构处于由"高速增长"到"高质量增长"的转变时期，经济增速放缓，但高校毕业生人数却在不断增加，就业形势非常严峻。2016年，我国高校毕业生人数超过了765万，2019年增至860万人，2022年预计将会超过930万人。毕业生人数逐渐增多，就业压力越来越大，就业越来越困难。调查显示，大学生的就业状况不但会对我国高等教育的正常发展产生影响，而且与我国人才资源的合理配置密切相关。

2019年6月，由麦可思研究院撰写、社会科学文献出版社出版的《2019年中国大学生就业报告》显示，2018届本科毕业生就业率（91.0%）缓慢下降，比2014届本科毕业生就业率（92.6%）下降了1.6%；本科毕业生"受雇工作"连续五届持续下降；本科生就业率连年下滑。

面对当下大学生就业困难的严峻形势，国家提出"以创业带动就业"的发展战略，把鼓励创业、支持创业作为提高就业的重要途径。近几年，创新创业教育在我国高校的比重逐渐提高，许多高校设置了"创业学""创业营销""创业企业人力资源管理""大学生创新创业基础"

"创业项目技术经济评价"等课程。然而这些课程仅仅是针对大学生创新创业能力以及方法的培养，没有提及如何树立社会主义核心价值观引领下的正确的创新创业价值观，不仅无法有效培养大学生的创新创业技能，而且不能教导大学生如何将理论与实际相联系起来，进行创新创业，无法提高大学生创新创业的能力和自我认同感，很难解决目前创新创业教育存在的问题。

（二）"大众创业，万众创新"热潮兴起，创业成为时代潮流

自1978年改革开放以来，我国经济发生了翻天覆地的变化，就业规模不断扩大，就业结构持续优化，就业质量显著提升，劳动力市场日趋完善。长期稳定的就业形势有力地推动了社会的和谐稳定以及经济的快速发展，创业者数量不断增加。40多年来，我国经历了三次创业热潮。第一次创业热潮出现在20世纪80年代，十一届三中全会决定推行家庭联产承包责任制，大大提高了农业生产效率和农民生产自由度，让农民有机会从事农业以外的生产劳动，许多农民就此走上创业道路。第二次创业浪潮出现在邓小平同志1992年南方谈话之后，市场经济体制的确定让越来越多的知识分子、精英群体踏上创业之路。第三次创业浪潮出现于21世纪初，伴随着资本市场以及互联网技术的迅猛发展，互联网创业开始勃兴。

2015年，李克强总理提出要把"大众创业，万众创新"打造成推动中国经济继续前行的"双引擎"之一。三年后，国务院颁布《关于推动创新创业高质量发展打造"双创"升级版的意见》，进一步明确要以创新创业带动就业和科技创新，推动我国经济高质量发展，标志着我国创新创业事业进入新的阶段。

（三）"双创时代"下大学生创新创业需要社会主义核心价值观的引领

我国创新创业者和创新创业实践活动的数量都在不断增加。在经济全球化以及我国全面深化改革的背景下，大学生的价值观也变得多元化。因此，大学生在开展创新创业实践时，其价值观面临着东方和西

方、传统与现代、正确与错误交融的复杂局面。大学生创新创业者是我国创新创业事业发展的生力军,作为实现国家繁荣和民族复兴的重要力量,其价值取向将会对整个国家的发展方向和前途产生巨大的影响。在大学期间,他们的价值观还没有完全形成,尚处于塑造和培养阶段,因此,以社会主义核心价值观为导向,帮助大学生创新创业者树立正确的人生观、价值观,才能让大学生在开展创新创业实践活动时有正确的价值取向,才能够将"大众创业,万众创新"化为国家发展的动力之源、富民之道以及强国之策。

二、社会主义核心价值观与大学生创新创业教育研究现状

(一)社会主义核心价值观研究现状

社会主义核心价值观的内容为"倡导富强、民主、文明、和谐,倡导自由、平等、公正、法治,倡导爱国、敬业、诚信、友善"。学界对社会主义核心价值观的研究成果颇多,主要分为以下两类:一是对社会主义核心价值观的整体性解读,如《社会主义核心价值观八讲》(崔建周,2016)等;二是对社会主义核心价值观某一具体概念进行详细阐释,如王彦文等人主编的系列书籍。但是无论哪种类型、哪一方面的研究,都包含以下三方面基本内容:第一,以马克思主义的基本立场和观点阐释社会主义核心价值观。在当前各国之间交流密切、竞争激烈的情况下,我们更应该以马克思主义为指导,根据实际形势培育和践行社会主义核心价值观。如果没有马克思主义的指导,培育者和践行者就会丢失"灵魂",社会主义核心价值观的培育和践行就容易偏离正确的方向。我们要运用马克思主义的基本立场和观点去理解、解释、丰富社会主义核心价值观,发现、分析、解决社会主义核心价值观培育过程中的问题,确保社会主义核心价值观的科学定位。第二,强调社会主义核心价值观中的传统文化。社会主义核心价值观是在马克思主义的科学指导下,吸收了中国优秀传统文化和世界文明发展的成果,并与中国特色社会主义制度相结合的先进价值观。中国优秀传统文化蕴含着中华民族的精神气质和核心理念,是中华民族精神品格的体现。要立足当下时代特

征并放眼未来，将中华民族几千年的优秀传统文化资源与现代价值观念相结合，发挥社会主义核心价值观的时代魅力。第三，摒弃西方国家的价值观话语体系，打造中国特色的价值观。

高校培育社会主义核心价值观的实践活动主要集中在对高校思政课的改革和创新上。课堂上单一的价值观讲解如今已很难达到理想的效果，无法满足当代青年大学生的实际需求。为了切实发挥社会主义核心价值观课程的作用，一方面需要改革传统的课堂教育模式；另一方面还需要适当地引入新的教学方法，通过理论、讨论与实践三个环节，多方面讲授社会主义核心价值观，使教学内容更加丰富、具体。

现有研究主要集中在对大学生进行核心价值观教育的重要性、培育的困境以及培育的路径方面。首先，在重要性上，学者们取得了较为一致的看法，分别从国家、社会、个人的角度进行了论证，指出大学生社会主义核心价值观培育与践行对实现中华民族伟大复兴、高校"立德树人"、大学生个人自身修养与成才的重要意义（赵德明，2016）。

其次，对于高校培育大学生社会主义核心价值观所面临的困境，研究成果主要体现在以下三方面：一是网络带来的挑战与困境。网络具有交互性、丰富性、开放性的特点，大学生会接受网络中积极和消极两方面的信息，大学生在网络环境中接受正面信息的概率难以保障（孙巍，2017），以微博、微信为代表的新媒体往往传播的也是大众文化而非主流文化（包双成，2016）。二是不健康的社会环境带来的阻碍，一些不良的社会风气与社会主义核心价值观所倡导的文化不符，导致大学生难以进一步认同和践行社会主义核心价值观（刘蕴莲等，2014）。三是大学生思想尚未成熟，正处于价值观的形成时期，对外界的思想观念缺乏辨别力（邵从清，2015）。

最后，社会主义核心价值观的培育路径主要体现为以下三类：一是以宣传为先导、以实践为根本、以制度为保障的三重培育路径。大学生将社会主义核心价值观内化于心、外化于行建立在对其认知的基础上，而宣传路径则是大学生构建社会主义核心价值观的前提（赵勇明，2016）。社会主义核心价值观最终要表现为外在的行为，唯其如此，对社会主义核心价值观的培育才能称为成功（晏昱、周俊武，2014）。高校社会主义核心价值观的培育作为一项系统工程，也需要建立相关的长效机制（夏建文，2017）。二是隐性与显性相结合的培育路径。高校在培育大学生社会主义核心价值观的过程中逐渐发现了传统方法以及课程的"乏力"，因而提出了隐性与显性相结合的培育路径（刘艳萍、付安玲、张耀灿，2016）。三是国家、社会、学校合力培育的路径。在社会主义核心价值观的培育过程中，需要不同社会群体共同营造良好的社会氛围（刘艳萍、邵从清等，2015）。

（二）大学生创新创业教育研究现状

人类进入知识经济时代以后，一个国家创新创业教育的优劣反映了该国的综合国力和国际竞争力的强弱。从世界范围来看，国外的创新创业教育兴起较早，如美国是世界范围内创新创业教育和实践兴起最早的国家。直到现在，美国创新创业教育事业的发展仍位于世界前列，其研究内容包括大学创新创业教育的含义和重要性、大学创新创业教育的课程设计与教学方法、大学创新创业教育的评估与未来发展等方面。从20世纪90年代起，《世界报道》《成功》《创业者》等学术期刊都非常重视商学院的创新创业教育项目，因为它们往往可以在世界经济放缓的形势下找准前进方向，并且适时培养出可以引领经济社会健康发展的人才。其中《成功》和《创业者》每年都会定期举行美国创业教育项目大赛，而各高校的比赛排名对各高校的招生情况和经济收入也产生了影响，并且该影响还在逐渐扩大。举办项目竞赛的做法很大程度上提高了美国创新创业教育实施的积极主动性，为推动美国创新创业教育的发展做出了重要的贡献。

我国创新创业教育理论的研究始于20世纪90年代，起步较晚，各大高校对于创新创业教育的探索和尝试虽然取得了一定的成绩，但仍然存在许多问题。关于创新创业方面的研究主要集中在教育界，我国有三十多所学校进行了实验和试点研究，对创业教育的培养目标、课程设置、培养方案、创业教育与素质教育、创业教育的实践、继续教育领域开展创业教育等一系列问题进行了有益的探索与尝试，并总结了我国创业教育活动中存在的主要问题。

我国关于大学生创新创业教育最早的一篇文章是《创业教育：高校培养创新人才的有效途径》。近年来，随着"大众创业，万众创新"在全国的深入推进，大学生创业教育再次引起社会各界的高度关注，成为我国高等教育界研究的热点话题之一。目前，大学生创业教育已成为近年来硕博士学位论文研究的热点，但关于社会主义核心价值观指导下的大学生创业教育研究还较为薄弱，尚缺乏科学有效的理论指导以及实验论证。

刘洁在《大学生创业教育实践及社会影响研究》中认为，创业实践的关键在于能吃苦和报效祖国。杨坤在《当代大学生创业教育中的思想政治教育研究》中指出，随着时代的不断发展，思想政治教育介入当代大学生创业教育具有必然性。自主创新创业精神的教育、艰苦奋斗精神教育、创新创业德商教育是大学生创新创业教育思想政治教育的主要内容。开展社会主义核心价值观下的大学生创新创业教育有主渠道途径、主阵地途径、联合多方面教育力量协同促进等途径，有宣传激励法、典型教育法、咨询服务法、团体实践法等方法。马亮在《创业教育——当代大学生思想政治教育的新课题》中指出，创业教育说到底是一种健全人格的教育。他认为，新时期的大学生创新创业教育与思想政治教育是紧密相连的，开展创新创业教育是增强大学生思想政治教育时效性、针对性的重要手段，也是新时期大学生思想政治教育的重要载体，加强思想政治教育是实施创新创业教育的重要内容和必然要求，并提出了大学生思想政治教育中实施创新创业教育的主要原则和策略，即在社会实践活动中强化创新创业教育，在日常思想政治工作中渗透创新创业教育，学生创新创业素质的培养目标系统应该包括大学生思想和政治教育培养。马亮在谈到加强对大学生创业教育的引导时指出，应加强对大学生人格发展的引导，注重对大学生综合素质的培养。①

综上所述，我国社会各界对于大学生创新创业教育的必要性已经达成了共识，并且已经从单纯借鉴西方国家的发达经验向符合中国当代国情转变，但是这些研究成果是零散的，还不够深入、系统、全面。在现有的研究中，理论研究较多而实验论证和系统总结概括较少，经济政策解读较多而正确的价值观指导研究较少，指定院校研究较多而普通高等

---

① 马亮：《创业教育——当代大学生思想政治教育的新课题》，南京师范大学硕士学位论文，2006年。

院校研究较少。

我国高校创新创业教育未成系统,导致了目前我国高校开展的创新创业活动质量参差不齐。部分社会组织和单位举办的创新创业竞赛流于形式,没有按照标准商业化的模式运作,实际创业成功率极低,个别单位喜欢进行新闻宣传包装炒作,创新创业竞赛未能达到"以赛促创"的效果。部分开展创新创业实践活动的高校由于缺乏相应的系统和经验支持,创新创业教育未能取得预期成果。

三、社会主义核心价值观融入大学生创新创业教育的相关概念

(一)社会主义核心价值观

核心价值观是某一社会群体判断社会事务时依据的是非标准、遵循的行为准则。社会主义核心价值观是社会主义核心价值体系的内核,体现社会主义核心价值体系的根本性质和基本特征,反映社会主义核心价值体系的丰富内涵和实践要求,是社会主义核心价值体系的高度凝练和集中表达。社会主义核心价值观的基本内容是倡导富强、民主、文明、和谐;倡导自由、平等、公正、法治;倡导爱国、敬业、诚信、友善。"富强、民主、文明、和谐"是我国社会主义现代化国家的建设目标,也是从价值目标层面对社会主义核心价值观基本理念的凝练,在社会主义核心价值观中居于最高层次;"自由、平等、公正、法治"是对美好社会的生动表达,也是从社会层面对社会主义核心价值观基本理念的凝练,反映了中国特色社会主义的基本属性,是我们党矢志不渝、长期实践的核心价值理念;"爱国、敬业、诚信、友善"是公民的基本道德规范,是从个人行为层面对社会主义核心价值观基本理念的浓缩,覆盖了社会道德生活的各个领域,是公民必须恪守的基本道德准则,也是评价公民道德行为选择的基本价值标准。

(二)大学生创新创业教育

创新即通过努力和实践创造出新事物,涉及多个领域多个方面,是

人类通过主观能动性改造客观世界的重要途径。创新教育是一种基于高等教育现状的与时俱进的教育，所有以培养大学生创新思维、创新能力、创新素质为价值取向而展开的教育活动都是大学生创新教育活动。创新教育包括思维教育、发现教育、发明教育、信息教育、艺术教育等多个方面的内容，着重培养创新精神、创新能力、创新人格。作为我国现阶段高等教育的目标之一，创新创业教育培养的是具有创新能力和创业精神的高素质创新型人才，是适应知识经济社会发展和构建国家创新体系的长远大计。

大学生创新创业教育不是单纯的关于自主创业的教育，而是立足学生的收获，以提高学生的创新创业能力素养为目的开展的教育，其将课程理论知识与社会实践相结合，丰富大学生的创新创业教育内容，提升大学生创新创业的能力。

所以，大学生创新创业教育必须多方共同参与，共同协作，通过课内外的教学实践来激发学生的创造能力，培养学生的核心竞争力与创新创业能力。创新创业教育所培养的人才对国家整体创新力的发展具有重要意义。就高校来说，加强大学生创新创业教育可以推动高等教育的发展；就大学生而言，积极参与创新创业教育有利于大学生的自主创业和工作。

（三）将社会主义核心价值观融入大学生创新创业教育

将社会主义核心价值观融入大学生创新创业教育，就是指利用社会主义核心价值体系指导大学生的创新创业教育，将社会主义核心价值观融入大学生创新创业教育，培养大学生的创新创业价值观，增加大学生的创新创业理论知识，增强大学生的创新创业实践能力。

社会主义核心价值观的树立对大学生的思想政治教育具有十分重要的作用。树立正确的社会主义核心价值观是大学生成才的根本，决定着大学生将会成为什么样的人，能够实现什么样的人生价值。大学生只有树立正确的社会主义核心价值观，才能主动承担自己的社会责任，为社会做出应有的贡献。

第一章　社会主义核心价值观融入大学生创新创业教育的必要性

党的十八大以来，国家对于大学生创新创业教育愈发重视，同时也对深化高校创新创业教育改革提出了新的要求。大力推进高校毕业生多渠道就业创业，是实施国家创新驱动发展战略的重要组成部分。

第一节　帮助大学生更好地融入创新型社会

一、帮助大学生树立正确的创新创业观

目前我国大学生创新创业教育工作存在许多问题，功利思想较为严重，过于追求大学生在创新创业中的实际成果，如专利、论文、获奖数量等，认为创业技能的培训是大学生创新创业教育的本质和重点，而忽视了创新创业价值观的引导，也忽视了对大学生创新创业精神的培养。这种不正确的教育方法会严重影响大学生的创新创业价值观，甚至会在创新创业过程中产生恶性竞争和利己主义思想，严重影响高校创新创业教育模式的发展。

因此，高校在大学生创新创业教育过程中要充分结合思想政治教育，以社会主义核心价值观为指引，将社会主义核心价值观充分融入创新创业教育，帮助大学生树立正确的创新创业价值观，使其能够更好地实现个人理想和社会价值。

二、缓解大学生就业压力，拓宽就业途径的重要举措

2020年我国高校应届毕业生达到874万人，大学生的就业形势愈发严峻。将社会主义核心价值观融入高校创新创业教育，可以培育大学生艰苦奋斗的创新创业精神和锐意进取的创新创业意识，持续增强大学生创新创业的信心，提高大学生的综合素质和能力，促进大学生积极开展创新创业实践，以创业带动就业，为社会创造更多的岗位，从根本上缓解当前的就业压力，解决大学生"就业难"问题。

第二节 建立完善的高校创新创业教育体系

一、我国创新创业教育理论正确价值导向的需要

"理论的价值导向决定了该理论服务的对象，决定了理论的基本立场。"作为社会主义国家，我国创新创业教育理论应当以社会主义核心价值观为导向，以满足国家及创新创业者发展的需要。目前我国大学生创新创业教育理论在价值取向方面还存在一定的问题。一是价值取向易受国外价值观的影响。我国大学生创新创业教育理论深受西方经济学的影响，许多创新创业类相关的读物、著作都以西方经济学为基础，而西方资产阶级政治经济学的价值理念是个人主义，多从个人角度出发，并未充分考虑个人利益与集体利益的关系、个人命运与国家命运的关系。在这种创新创业教育思维的熏陶下，极易培养出"个人优先主义者""利己主义者"，将个人利益凌驾于社会利益和国家利益之上。二是我国高校大学生创新创业教育理论不完善。一部分人认为大学生创新创业教育仅仅是为了提高学生的创新创业能力，帮助大学生创业，实现人生价值；还有一部分人认为大学生创新创业教育完全是服务于国家的价值导向和政策导向，是为了实现国家目标而培养一批创新创业型人才。然而这两种想法都是片面的，所以我们必须坚持将社会主义核心价值观充分

融入大学生创新创业教育，帮助教师和大学生树立正确的创新创业价值理念。大学生创新创业教育既是为了提高大学生的综合素质，实现个人理想，也是为了帮助大学生树立良好的创新创业价值观，更好地为社会服务，为国家做出贡献。这二者是密不可分、高度统一的。

二、我国大学生创新创业教育理论科学性发展的需要

我国大学生创新创业教育理论的科学性体现在大学生创新创业教育理论与创新创业实践活动相结合，能充分反映创新创业实践活动的现状。我国创新创业教育理论在一定程度上超越了创新创业实践，为创新创业的发展提供了正确的理论指引。

然而，我国大学生创新创业教育依然存在着诸多问题，主要包含以下两个方面：一是教育体系发展不平衡、不完善，侧重对大学生创业技能和实践的理论研究，缺乏对大学生创新创业道德品质、创新创业观的研究和指导；二是我国创新创业教育理论在反映创新创业现实、指导创新创业成果转化方面还有所欠缺。这都在一定程度上影响了我国大学生创新创业教育理论科学性的发展，而社会主义核心价值观融入大学生创新创业教育可以充分解决教育体系发展不平衡、不完善，大学生创新创业教育理论缺乏对创新创业现实情况的反映等问题，帮助大学生树立正确的创新创业价值导向和创新创业观，为大学生解决创新创业思想问题提供有力的支撑和科学保障。

三、中国特色创新创业教育理论体系建设的客观必然

真理与价值原则是人类实践活动的基本原则，实现真理与价值的统一则是所有科学的思想理论的一致追求。我国大学生创新创业教育理论的发展也应充分坚持真理与价值的辩证统一关系，大学生创新创业理论的发展，既要满足社会国家个人的需求，又要符合我国社会发展的实际需要和变化规律。社会主义核心价值观融入大学生创新创业教育，既保证了我国创新创业教育有正确的价值理论导向，又符合中国特色创新创业教育理论体系建设的客观要求。

四、高等教育人才培养目标的驱动

大学生有朝气有理想，是我国宝贵的人才资源，也是建设国家的生力军和中坚力量，更肩负着振兴中华、实现中国梦的重要历史使命。只有发展好教育，祖国的事业才会蓬勃发展，祖国的利益才可以得到保障，因此我国在高学历人才培养方面，应当以社会主义核心价值观为根本，基于立德树人的培养宗旨，培养出新时代下的社会主义建设者和接班人。要实现大学生综合素质的全面发展，不仅要提高大学生的科学文化素质，还要注重他们的身心健康和思想道德素质的发展。在综合素质中，道德素质又占据最重要的位置，对大学生其他素质的发展起到引领作用，因此必须加强对大学生思想道德素质的培养，从而带动大学生综合素质的全面提高。

从目前的高校教育现状来看，各个学科尚未形成体系和联动，思想政治教育和创新创业教育协同度不够。思想政治教育理论的灌输忽略了大学生内心的真实需求和渴望，难以使他们产生认同感和共鸣，而创新创业教育课程中所需要的思想政治教育同样未引起重视。这就造成了学科发展的不充分以及大学生对此类课程的排斥，导致学习效率低下，教育资源浪费，教育目标难以实现。

第三节　创新社会主义核心价值观教育载体

一、社会主义核心价值观引领贯穿教育教学全过程

高校思想政治工作是关系高校"为谁培养人，培养什么样的人，如何培养人"的根本问题，因此必须坚持社会主义核心价值观的引领，把思想政治教育放在至关重要的位置。

当今世界是多元化的世界，不同的文化和多元的思想观念并存，由于社会转型的加快和市场经济的发展，人们的思想观念和行为存在着明

显的差异，传统道德观念正在遭受挑战。而大学生社会阅历浅，辨别能力弱，所以需要充分发挥社会主义核心价值观的引领作用，为大学生提供正确的导向。通过社会主义核心价值观提高大学生的思想道德品质和政治基本素养，有助于大学生综合素质的全面发展。

社会主义核心价值观在不同的历史时期有着不同的内涵和载体。当下创新创业教育体现了一种积极进取的时代精神，符合我国社会发展的现实要求。大学生在创新创业的过程中形成的诚实守信、爱岗敬业、艰苦奋斗、乐于奉献等品质也是社会主义核心价值观所倡导的。将社会主义核心价值观融入大学生创新创业教育，已经逐渐使高校创新创业教育成为展示新时代大学生思想和理想的平台，成为大学生学习践行社会主义核心价值观的有效方式和重要途径。这一举措能推动高校创业教育既好又快地发展，为国家实施创新驱动战略提供人才保障。

二、完善大学生社会主义核心价值观教育体系

（一）扩展大学生社会主义核心价值观教育理论体系

1. 以面向全体学生、结合专业教育为核心理念

在大学生创新创业教育起步阶段，我国高校就确立了面向全体学生的教育取向，将有效培养学生创新精神、创业意识、创新创业能力作为教育目标。但在传统教育思想的影响和大学生就业难度不断增大的压力下，早些年的创新创业价值取向存在着明显的功利性和弊端。2010年，教育部下发了《关于大力推进高等学校创新创业教育和大学生自主创业工作的意见》，并强调"以培养学生创新精神、创业意识和创业能力为核心"的价值定位。教育部原副部长陈希在《将创新创业教育贯穿于高校人才培养全过程》的讲话中明确指出："创新创业教育应面向全体大学生，结合专业教育，贯穿于人才培养工作的全过程，将高等学校人才培养和社会服务工作紧密地联系起来，通过一定的创新创业知识传授，着力提高学生的创新精神、创业意识和创业能力，使大学生成为高素质创新型人才，期待一部分学生将来成为自主创业者，为社会其他就业人

员提供更多的就业岗位。"①

与实际创业活动不同，高校创新创业教育的重点及特色在于创新创业人才的培养，通过培养受教育者的创新创业意识、创新创业精神来提高创新创业能力，使其适应社会的变革，而不再以某个岗位的职业能力培训或者教育知识的速成为导向。

专业教育是指有计划、有目标地培养各类专业型人才，重视培养学生的专业知识和专业技能。创新创业教育以专业教育为基础，使学生在实践中运用其所学知识，是实现专业教育社会价值的重要途径。大学生创新创业教育需要专业教育，推动大学生专业教育与大学生创新创业教育相结合，将创新创业教育的内容和思想融入专业教育，提升创新创业能力教育，是提升高等教育社会价值的重要途径。

2. 以全覆盖、分层次和差异化为基本目标

大学生创新创业教育已经从面向少数人的培养逐步扩展为面向全体大学生的素质教育，针对不同高校、不同大学生的差异化和层次化，并以此来开展大学生创新创业教育，是极为重要的。高校开展大学生创新创业教育，固然是为了促使更多的大学生走上自主创新创业之路，从而实现更高的人生价值，但实际上，大学生自主创新创业是少数行为，所以，学校应根据大学生的特点、兴趣和自身发展规划，将目标划分为两个层次，第一是培养企业家，第二是开拓大学生的创新精神和能力。第二个层次相对于第一个层次更具有普遍性。

高校培养全体大学生的创新创业综合素质，还须充分尊重个体需求，因材施教。筛选具有创新创业潜力和意志的潜在创新创业者，有针对性地开展创新创业知识和实践能力课程。通过科学的评价体系选拔出一部分有创新创业愿望、创新创业素质和创新创业能力的学生作为重点培养对象。通过创新创业项目选择和团队筹建，依托多种创新创业孵化平台，开展理论知识教学和应用技能训练，使学生得到专项学习与训练。

分层次、差异化培养是推动创新创业教育的重要因素，分层次下的

---

① 陈希：《将创新创业教育贯穿于高校人才培养全过程》，《中国高等教育》2010 年第 12 期，第 5 页。

重点培养是基于创新创业教育课程教学与实践的理性探索，经得起教育实践的检验，与时代经济社会发展的现实需求相契合，既符合教育发展的客观规律，也符合个人自身发展的基本规律，对潜在创新创业者自我价值的实现与升华大有裨益。

3. 以培养学生的理性行为能力为核心内容

教育的本质是实现超越，就是要培养出有创新实践意识和能力，并能通过自己的努力创造价值乃至改变世界的人。创新创业教育是理性的，它不单单是知识的传授。大学生创新创业教育一方面可以提高大学生的创新创业能力、创新创业精神和创新创业意识，另一方面可以激发大学生的创新创业热情，鼓励大学生进行创新创业活动。大学生创新创业不需要固定的时间和地点，只要具备了创新创业能力，能充分把握创新创业机会，就能完成创新创业活动。

（二）丰富创新创业下社会主义核心价值观教育方法研究

1. 创新创业教育的教学体系研究

大学生创新创业教育的关键是全面培养学生的创新精神、创业意识和创新创业能力，它的突出特点在于面向全体学生，同时又分层次、分类别进行。面对全体学生的启蒙教育主要在于激发学生的创新创业精神和创新创业热情，培养学生持续学习、自主工作、独立思考的能力，教育培养的重点应着重从知识传授和创新创业实践两个方面展开。大学生创新创业教育的课程是开放的，教授的知识是发散的，是具有显著实践性的，这一特性决定了大学生创新创业教育不仅仅是单纯理论知识的传授，更是需要与实践教育紧密结合，搭建合理的教育教学体系。

大学生创新创业教育课程的设置应该充分贴近创新创业环境的实际情况，准确把握创新创业实践中可能遇到的问题，凸显学生的主体地位，引导大学生进行独立的思考和自主决策。高校还需要鼓励学生参加创新创业竞赛，如中国国际"互联网＋"大学生创新创业大赛等。高校、社会和政府要密切配合，大力宣传比赛，重视比赛过程，鼓励更多的学生参与其中，并给予充分的指导。

除此以外，还应当针对有创业意向的学生进行企业管理等方面的知识技能培训。针对有意愿创业的毕业生，高校和政府还应该在其创业初期给予指导和资金援助。着力于打造"学校—学生—社会"相互联系、相互促进、共同发展的三位一体模式,在创业前期和创业初期为大学生提供创业指导、咨询和服务工作,降低大学生创业的风险。

2. 创新创业教育的服务体系研究

建立完善的大学生创新创业教育服务体系,提高大学生创新创业教育服务水平。长期以来,大学生创新创业教育管理和服务体系尚未完善,高校也没有设置专门的服务和咨询管理组织。因此各高校应设置专门的部门,为大学生创新创业初期提供相应的理论指导和技术指导,并进行监督及管理,为大学生开展创新创业实践提供有力的支持。

3. 创新创业教育的评价体系研究

创新创业是推动国家和地区持续发展的强大动力,所以对于大学生创新创业教育成果的衡量,既要看对学生起到的实际教育作用,也要看对其思考能力、行为方式、自主能动的培养。

当前高校创新创业教育评价应当摒弃不合时宜的职能,如依据不严谨的评价标准进行奖励惩罚职能和合格资历能力鉴定职能等;应当多发挥符合社会主义核心价值观的教育评价价值取向职能,如成就评价的功能、服务决策的功能、人文关怀的功能等。创新创业教育具有显著的实践性特征,不但要求在教育过程中突破模式的约束,强调理论与实践的紧密结合,还应在教育评价时采取与之匹配的评价方法。

三、提高大学生社会主义核心价值观教育的实践效益

(一)有助于充实社会主义核心价值观教育实践内容

1. 塑造健全人格

大学生参与创新创业实践活动,不仅可以形成科学的择业观、就业观、创业观,还能弥补传统高校教育模式中对学生综合素质能力培育的不足,培养出符合社会主义核心价值观的高素质人才。

大学生创新创业教育有利于培养大学生的独立自主精神。大学生创新创业强调大学生的主观能动性,使学生能在科学评判中发现自身的优点和不足,并能充分认识到外部环境的挑战和机遇,从而科学合理地规

划自己的创新创业生涯。

大学生创新创业教育有利于冒险精神和创新精神的培育。在这样一个充满压力和竞争的时代，每个人都希望能够开辟一番广阔的天地，实现人生价值，这就需要有创新意识和冒险精神。而创新创业教育正是冒险精神的重要培育方式，在创新创业活动中，参与者会面临着巨大的挑战，需发扬艰苦奋斗的精神，锤炼坚强的意志。

2. 培养团队合作意识

对大学生团队合作意识的培养是推进高校创新创业教育的重要着力点。一个卓越的团队需要具有共同的发展目标、先进的合作理念、强烈的团队意识和高效的资源整合能力。具有创新创业意向的大学生可以通过实践课程，在切实参与和特定的模拟场景下，切实感受到团队精神在战胜挫折、克服困难面前的强大力量。对于已经具备一定创业条件的团队，为其长远发展搭建平台，将其项目引进创新创业园或实践基地，由指导教师提供有针对性的帮助，整合资源，培养团队协作意识，共同应对市场竞争中的各种风险。

3. 增强责任意识

创新创业道德品质教育是大学生创新创业教育中非常重要的内容，这其中就包含了对大学生社会责任意识的培养。在大学生创新创业教育中，只有充分培养大学生的社会责任意识，提高大学生的综合修养，才能增强他们的社会责任承担能力，为社会进步和祖国的发展做出更大的贡献。

开展大学生创新创业教育，除了能促进就业，还能有效推动经济社会的平稳发展，为建设创新型国家注入新鲜活力。在教育理念方面，创新创业教育摒弃了传统的教学手段，更加关注和尊重大学生的心愿和诉求，从实际出发，以喜闻乐见的形式培养学生的社会责任意识。在教育方法方面，除了课堂主渠道，创新创业教育更强调在实践操作中让学生认识到社会责任与实现个人价值的关系，从而将其内化于心。

第四节　推动创新创业实践发展的必然要求

自"大众创业，万众创新"的号召提出以来，在政府推动、社会支持之下，越来越多的青年大学生走向创新创业之路。从创新创业发展的层次角度来看，可分为三个方面：一是创新创业者个人从事的创新创业活动，二是社会范围内创新创业生态的打造，三是我国创新型国家的建设。这三个方面高度统一、密不可分。

在以上三个层面中，道德、精神、文化等因素在个人创新创业、创新创业生态构建、创新型国家建设中至关重要。将社会主义核心价值观融入大学生创新创业教育，是提高大学生创新创业能力、打造社会创新创业生态、建设创新型国家的重要保障。

一、提高大学生创新创业能力的需要

在大学生创新创业过程中，与知识和技能相比，道德和价值观等精神层面的因素显得更加重要。如果创业者拥有了正确的价值观和道德观并且掌握知识和技术，那么创业成功只是机遇的问题。反之，如果创业仅有技术和知识，却缺乏正确的价值观和道德品质，那么这样的创业者则注定无法成功。国外学者 Dinah Payne 和 Brenda·E. Joyner 通过实证研究发现，成功的创新创业者往往也是具有高度社会责任感的创业者，他们会基于社会责任感去做出有关创新创业道德的决策，例如关注顾客的满意度、关心员工的福利等。

创新创业的失败本质上是由错误的价值观导致的，也就是说失败的创新创业者在价值层面将个人利益与他人利益、社会利益放在了对立面，使个人理想脱离了社会理想，忽视了社会道德规范和准则。因此，为了使大学生形成良好的创业道德品质，树立正确的价值观念，我们必须将社会主义核心价值观融入大学生创新创业教育，使大学生创新创业者在创新创业实践过程中能够坚持中国特色社会主义的价值原则，使大学生的创新创业行为符合中国特色社会主义价值规范。

二、打造社会创新创业生态的需要

创新创业者从事创新创业实践活动是多种因素综合作用的结果，这些因素在相互作用的过程中形成了一个稳定的社会创新创业生态系统。Isenberg 提出，创业生态系统应由政府政策、金融机构、创业文化、创业者、基础设施、可触市场六个要素领域构成。无论对创新创业生态系统做何种划分，文化精神层面的因素在创新创业生态系统中都占有重要的地位。Neck 等人也通过研究指出，文化是创业生态系统发展中最重要的要素，也是最难复制和管理的要素。文化也具有一定的价值属性，一方面，价值观是文化的核心；另一方面，文化也受一定价值目标的指引。

我国社会的创新创业生态系统应坚持以社会主义核心价值观为导向，以社会主义核心价值观的目标为指引，从而构建良好的创新创业生态环境，推进我国创新创业生态的建设和创新型国家的建设。

三、建设创新型国家的需要

在创新型国家建设中，科技是根本，人才是关键，教育是基础。创新驱动的实质是人才驱动，企业家也是人才队伍的重要组成，大学生创新创业者作为新生力量更是创新创业人才中的重要主体。我国建设创新型国家所需要培养的创新创业人才，不仅应具备创新创业技能和创新创业知识，而且应树立正确的价值观，也就是说，创新创业者应德才兼备。改革开放以来，我国的创新创业生态不断改善，创新创业者也从"边缘人"逐渐形成一个"新阶层"，成为国家和社会关注的焦点。这一逐渐壮大的创新创业者阶层的道德水平和价值观将对市场经济的正常秩序产生直接影响，进而影响整体的创新型国家建设。因此，我们必须帮助大学生创新创业者树立正确的价值观，使他们具备良好的创新创业品德。将社会主义核心价值观融入大学生创新创业教育，既是在引导大学生创新创业者树立正确的价值观，将个人价值与社会价值相统一，又是回应创新型国家建设对德才兼备的创新创业人才的需求。

综上所述，社会主义核心价值观融入大学生创新创业教育，不仅可以拓宽大学生的就业途径，缓解就业压力，而且能为大学生树立正确的创新创业观，帮助大学生实现个人理想和社会价值。更重要的是，社会主义核心价值观融入大学生创新创业教育可以推动建立完善的高校创新创业教育体系，为我国高等教育培养更多的复合型高素质人才提供保障。而社会主义核心价值观教育的途径亦能因此得到拓展，让当代大学生能更多地在实践中而不只是在课堂上接受社会主义核心价值观教育，对社会主义核心价值观能有更深刻的认识。同时，社会主义核心价值观融入大学生创新创业教育也对我国打造创新创业生态提供了重要帮助。

第二章　社会主义核心价值观融入大学生创新创业教育的可行性

第一节　社会主义核心价值观融入大学生创新创业教育的理论支撑

如今，我国对于新时代创新创业型人才的需求量不断增加，而传统高校的人才培养计划难以满足国家和社会的需要，所以将社会主义核心价值观融入大学生创新创业教育是极其重要的，这已经成为学界研究的热点。

首先，将社会主义核心价值观融入大学生创新创业教育符合理论和实践的辩证统一原理。社会主义核心价值观作为全体社会成员普遍认同的基本道德准则，反映的是最广大人民群众的利益诉求，是科学的理论体系，对人民群众参与具体的社会实践具有积极的指导作用。而大学生创新创业教育作为中国特色社会主义伟大事业建设的重要组成部分，需要以社会主义核心价值观这一科学的理论作为引领和指导。处在创新创业活动中的大学生面临着激烈的竞争和巨大的市场环境压力，往往会出现各种思想问题和困惑，需要思想和心理方面的正确指导。社会主义核心价值观则具备这种价值引领和提升道德修养的功能，可以使这些处在创新创业阶段的大学生能够以科学的方法分析活动中所面临的复杂问题。

其次，将社会主义核心价值观融入大学生创新创业教育，是符合马克思主义哲学价值理论的，价值的本质在于客体对主体产生的效应，价值体现在个人的发展可以推动社会的进步,在实践的基础上遵循价值与真理的统一。将社会主义核心价值观融入大学生创新创业教育,能够充分发挥大学生创新创业者的主观能动性,在创新创业活动中实现个人成长进步的同时,也学会积极承担社会责任,做一个对社会、对国家有价值的人才。

最后,将社会主义核心价值观融入大学生创新创业教育符合大学生综合素质全面发展理论。社会主义核心价值观下的大学生综合素质发展应该是自由全面、和谐统一的,只有个人实现了全面发展,才能更好地服务社会,创造更大的社会价值,实现社会不同维度的扩展,提升国家的综合实力。人的自由全面发展是共产主义社会的理想目标。社会主义核心价值观教育与大学生创新创业教育进行的人才培养都是以提升大学生德、智、体、美、劳等方面的素质为主要内容,是推动大学生全面发展的重要途径。

第二节 社会主义核心价值观融入大学生创新创业教育的现实依据

我国的大学生创新创业教育始于20个世纪90年代,各个高校陆续开展创新创业教育相关课程,但是由于基础薄弱,弊端也日渐凸显。大学生创新创业教育目标定位不明确,课程质量难以保障,师资水平参差不齐,评价体系的设置不科学、不合理,缺乏正确的价值观念的指导和引领,甚至出现违背社会主义核心价值观的思想,因此,将社会主义核心价值观融入大学生创新创业教育迫在眉睫。

社会主义核心价值观可以为大学生创新创业教育提供多方面的帮助。一是社会主义核心价值观可以为大学生创新创业教育提供正确的方向。目前大多数高校的创新创业教育过度关注大学生的创业率及创业成功率,希望通过速成的方式帮助大学生完成创业,存在过度功利化的倾向,没能正确处理好创新创业理论教育和创新创业实践教育之间的关系,忽略了大学生创新创业教育的本质是为了实现大学生综合素质的全面发展。

二是社会主义核心价值观所强调的以人为本正是大学生创新创业教育中所迫切需要的。大学生创新创业教育应该根据大学生的不同需求，根据个体差异来制定整体性的目标和差异性的目标。目前大多高校尚未形成针对大学生不同需求的创新创业教育，缺乏对高校创新创业人才的专业化筛选和科学化培养，忽视培养学生的责任意识、职业素养和创新品质的核心价值引导。因此，需要社会主义核心价值观为创新创业教育"掌舵"，确保人才培养方向契合社会发展时代需求，使创新创业人才不仅具备良好的创新创业潜质，更具有良好的道德情操。

三是大学生创新创业教育可以为践行社会主义核心价值观提供实践支撑。我国高校的核心价值观教育一直囊括在思想政治理论课程中，并没有与其他的课程交互融合，随着时代的不断发展，核心价值观的教育面临着形式单一、载体单一、与学生实际需求脱节以及教育效率低下等多种问题。核心价值观教育在高校人才培养中处于基础性地位，需要将其充分融入高校教育的各个环节。完善的大学生创新创业教育体系能够培养大学生的创新创业价值观、创新创业品德、创新创业心理建设等，填补高校当前创新创业教育中的短板和漏洞，进一步完善高校社会主义核心价值观教育体系。

第三节　社会主义核心价值观与大学生创新创业教育的内在联系

大学生创新创业教育和社会主义核心价值观教育是我国高校人才培养中不可或缺的重要组成部分，需要深入研究两者在教育目标、内容和方法上的内在联系。

一、教育目标的一致性

社会主义核心价值观教育与高校创新创业教育的目标具有一致性。高校创新创业教育从学生自身需求出发，主要培养大学生创新创业精神，引导学生树立长远的创新创业发展目标，增强学生创新创业能力，丰富学生创新创业综合素质，帮助学生在掌握专业技能和知识的前提下更好地适应社会，实现自由而全面的发展。社会主义核心价值观教育主要是帮助学生树立正确的价值观，提高大学生思想政治道德素养，以培养德才兼备、全面发展的中国特色社会主义建设者和接班人为目标。社会主义核心价值观教育与高校创新创业教育在增强大学生综合素质和提高大学生核心能力方面相互作用，社会主义核心价值观教育为高校创新创业教育提供价值导向，高校创新创业教育为社会主义核心价值观教育提供育人新平台，两者的教育目标共同指向帮助大学生实现全面而自由的发展。

二、教育内容的相通性

社会主义核心价值观教育与大学生创新创业教育的内容具有相通性。社会主义核心价值观教育的内容主要包括世界观教育、政治观教育、人生观教育、法制观教育、道德观教育五个方面。大学生创新创业教育的内容主要包括三个方面：第一，提升学生创新创业能力，主要体现为相关专业技能和综合能力素质的提升；第二，培养学生创新创业意识，主要是针对学生创新创业热情的提升以及创新创业实践意识的引导；第三，培育学生创新创业精神，主要是针对学生敢拼敢闯、吃苦耐劳、艰苦奋斗精神的培育，旨在提高大学生的综合能力。大学生社会主义核心价值观教育以培养中国特色社会主义建设者和接班人为目标，其内容强调政治性、先进性和现实性。大学生创新创业教育是随着新时代发展和当前现实社会经济发展而出现的教育新模式，其教育内容需要马克思主义理论的指导和道德伦理的渗透，也需要随着当前经济发展的要求进行调整，可见两者在教育内容上存在明显的相通性。

三、教育方法的相容性

社会主义核心价值观教育与高校创新创业教育的方法具有相容性。社会主义核心价值观教育的教学方法主要包括疏导教育法、比较教育法、典型教育法、自我教育法、激励感染法，在课堂讲授上通常会结合头脑风暴讨论法、案例分析法、角色扮演法。由于不同时代社会主义核心价值观的具体内容不尽相同，其教学方法亦不断变化。因此，社会主义核心价值观教育也具有极强的包容性。高校创新创业教育主要通过现代化的教学手段引导学生参与教育实践，并在创新创业实践与创新创业理论相结合的基础上运用疏导教育法、比较教育法、典型教育法、自我教育法、激励感染法等一般方法，并以此为契机，培养大学生的创新创业理论能力、实践能力以及创新创业精神。社会主义核心价值观教育和高校创新创业教育都从人的实际出发，关注人的生存和发展，即"以人为本"，都以帮助学生自由而全面的发展为出发点和落脚点。两者都在不断探索和创新符合时代发展的教育方式和教育载体，其根本目的在于增强德育的实效性和针对性，且两者都注重理论教育、养成教育、实践教育的有机结合，在增强实效性上发挥着相互促进和相互保障的作用。

第四节 国家政策提供保障

政策支持是大学生创新创业教育的有力支撑。为了鼓励高校大学生创新创业，国家出台了多个相关的扶持政策，如《关于发展众创空间推进大众创新创业的指导意见》《关于进一步做好新形势下就业创业工作的意见》《关于深化高等学校创新创业教育改革的实施意见》《关于大力推进大众创业万众创新若干政策措施的意见》等。教育部为了鼓励创新创业教育，也不断出台各项政策并举办各种活动，如《教育部高等教育司关于报送2020年国家级大学生创新创业训练计划立项项目的通知》、进行深化创新创业教育改革示范高校的评选、建立"全国高校实践育人创新创业基地"等。各大高校也顺应时势，从创新创业教育发展的实际情况出发，快速推进和深化教育改革，以更加完善的政策制度为创新创业教育发展保驾护航，为学生创新创业提供了有力保障。

第五节　多年的创新创业教育实践提供经验

大学生创新创业教育对创新创业环境也提出了要求，具体可以分为市场环境、社会环境和校园环境三个方面。

市场环境是指有利于大学生创新创业的市场准入机制、资金支持和市场管理服务体系等。社会环境是指全社会的创新创业氛围，不仅包括政策支持和学校引导，还包括社会组织的推动、地域资源的整合支持、家人和亲友的鼓励与支持等。校园环境即形成于高校内部的创新创业的良好生态，形成"人人谈创新，人人讲创业"的校园氛围，有助于学生形成强烈的创新创业意识。同时，加强家庭、社会、学校和政府之间的合作，促进交流，积极构建良好的创新创业环境，形成一个丰富完整的创新创业教育环境生态链。

综上所言，社会主义核心价值观融入大学生创新创业教育不仅符合理论和实践的辩证统一原理，而且符合马克思主义哲学价值理论，也符合大学生综合素质全面发展理论，同时能够用来填补高校当前创新创业教育中所存在的短板和漏洞，从而进一步完善高校社会主义核心价值观教育体系。另外，社会主义核心价值观与大学生创新创业教育存在一致的教育目标、相似的教育内容以及相容的教育方法，能够相互促进，相互保障。加上国家政策为其提供支持以及多年的创新创业教育提供经验，为社会主义核心价值观融入大学生创新创业教育提供了前所未有的良好环境。

第三章　社会主义核心价值观融入大学生创新创业教育的现状及困境

第一节　社会主义核心价值观融入大学生创新创业教育现状及分析

为了更好地了解社会主义核心价值观融入大学生创新创业教育的现状，分析国内高校目前在社会主义核心价值观融入大学生创新创业教育过程中所存在的问题，笔者通过问卷调查和随机采访的形式，开展了社会主义核心价值观融入大学生创新创业教育的现状调查，并进行了相关数据的统计整理和分析。

笔者制定了一份详尽的调查问卷，针对四川省9所高校进行了问卷发放和针对教师、学生进行了随机采访。之后，笔者依据调查数据和采访文字材料的统计与分析，整理出当前社会主义核心价值观融入大学生创新创业教育过程中所存在的问题，并对问题产生的原因进行深入分析，提出相应的对策和解决方案。

一、社会主义核心价值观融入大学生创新创业教育现状

（一）调查方法

1. 调查问卷

采用自拟的"社会主义核心价值观融入大学生创新创业教育现状调查问卷"（附录1）进行问卷调查。此问卷一共17题，由单选题和多选题构成，主要有以下五方面内容：①学生基本情况（年龄、性别、年级、所属学校）；②对学校创新创业教育开展情况的认知与评价；③对从事创新创业活动的态度和观念；④对社会主义核心价值观的了解和认可；⑤对于将社会主义核心价值观融入创新创业教育的看法。

需要说明的是，该问卷基于社会主义核心价值观融入大学生创新创业教育理论基础，并在大量查阅、阅读相关文献资料的基础上制作而成，所编题目均围绕研究主题和研究内容，不涉及学生个人隐私。

2. 采访访谈

以"社会主义核心价值观融入大学生创新创业教育采访提纲"（附录2）为基本内容，采取校园随机采访、面谈、电话访谈、网络视频访谈的形式，对各个高校大学生创新创业中心、创新创业学院等相关组织的领导、专任老师、辅导员等进行交流访谈，并通过定向追踪大学生创新创业者和随机采访在校大学生的形式进行调研。

（二）调查样本

为了客观准确地对社会主义核心价值观融入大学生创新创业教育的真实情况进行调查，笔者于2019年10月对四川省9所院校进行了问卷调查发放与回收。本次调查对象为上述高校全日制在读学生，高校分为三类。第一类为世界一流大学和一流学科建设高校，第二类是其他公办本科高校，第三类是民办本科高校（含独立学院）和高职高专。调查对象涵盖各个办学层次，覆盖面较为广泛，数据样本稳定且具有一定的代表性。

调查问卷以抽样的方式随机发放，利用"问卷星"回收2143份，

有效率89.6%。为了进一步提高问卷调查的填写质量和回收率，笔者在征得问卷调查单位同意后定点发放问卷。学生调查样本概况见表3—1。在回收的1920份有效的问卷调查当中，样本性别分布如下：男生占54.43%，女生占45.57%。学校层次分布如下：世界一流大学或一流学科建设高校占比29.46%，其他公办本科高校占比26.29%，高职高专学校占比21.07%，民办本科高校（含独立学院）占比23.18%。学历层次分布如下：研究生层次占比11.16%，本科生层次占比69.80%，专科生占比19.04%。调查样本所在专业分布如下：理工类占比46.43%，文史类占比37.52%，艺术体育类占比7.12%，其他专业占比8.93%。

表3—1　调查样本基本情况

类别	选项	频数	占比（%）
性别	男	1045	54.43
	女	875	45.57
学校层次	世界一流大学或一流学科建设高校	566	29.46
	其他公办本科高校	505	26.29
	高职高专	405	21.07
	民办本科高校（含独立学院）	445	23.18
所学专业	理工类	891	46.43
	人文类	720	37.52
	艺术体育类	137	7.12
	其他	171	8.93
年级	大一、大二	1103	57.43
	大三、大四	603	31.41
	研究生	214	11.16

为了全面了解社会主义核心价值观教育融入高校创新创业教育的现状，笔者又制定了访谈提纲作为调查问卷的补充，于2019年11月采取面对面访谈、书信（含电子邮件等）访谈、电话访谈的形式对学校领导（1名）、创新创业中心（创新创业学院）工作人员（2名）、创新创业课程教师（2名）、辅导员（2名）、大学生创业者（2名）、普通在校生

（若干名）进行访谈，并对访谈内容进行整理。

（三）调查问卷测试与修正

在调查问卷正式发放前一个月通过各种渠道对调查问卷进行了发放和测试回收。首次测试为期五天，共收集问卷4127份，其中有效问卷2248份。由于采用了转发等形式进行问卷收集，虽然问卷收集数量得到了有效的保障，但由于部分学生态度不认真，产生了大量无效问卷。在首次测试后，笔者对问卷内容进行了修改，并委托目标院校进行随机投放。

二、社会主义核心价值观融入大学生创新创业教育现状分析

（一）高校普遍开展大学生创新创业教育活动，但教育途径单一，学生满意度有待提高

调查结果显示，受访的9所高校均开展了大学生创新创业教育活动，有61.43%的大学生经常听到学校开展创新创业教育活动，仅有0.81%的大学生表示未听说过自己所在的大学开展过大学生创新创业教育活动。但目前存在大学生创新创业教育活动开展形式单一的问题，大部分高校都是通过授课、组织比赛的方式开展活动，两种方式占比均超过90%，且只是以选修课程的形式设置，没有覆盖全部在校学生，学生对学校开展创新创业教育的满意度不高。调查数据见表3—2、3—3、3—4。

表3—2　大学生对于学校开展创新创业教育活动的了解情况

选项	经常	偶尔	很少	没听说过
频数	1179	642	83	16
占比（%）	61.43	33.44	4.32	0.81

表 3-3 高校开展大学生创新创业教育活动的方式

选项	授课	组织比赛	校外学习	创新创业训练实践	其他类型	从来没有
频数	1853	1762	183	293	129	16
占比（%）	96.53	91.76	9.52	15.28	6.71	0.81

表 3-4 大学生对于学校开展创新创业教育活动的满意度

选项	非常满意	比较满意	一般满意	不太满意	非常不满意
频数	477	685	550	134	74
占比（%）	24.82	35.69	28.64	6.98	3.87

（二）大学生认同创新创业活动，但对创新创业认知不完善

调查数据显示，大部分学生对自主创新创业的行为表示基本认可。从表3-5可以看出，25.81%的学生认为创新创业很有必要，66.48%的学生认为在保证学业的情况下可以尝试创新创业，4.32%的学生认为创新创业影响学业，不赞成大学生参与创新创业活动。认可自主创新创业行为的比例高达92.29%，这表明大部分学生对自主创新创业行为表示认同，并且支持大学生自主创新创业这一行为。

表 3-5 大学生对参与创新创业的态度

选项	很有必要	在保证学习的情况下可以做	无所谓	影响学业，不赞成
频数	496	1276	65	83
占比（%）	25.81	66.48	3.39	4.32

在关于大学生对创新创业成功标志这一问题的调查时，大部分学生对自主创新创业存在错误的认识。由表3-6可知，61.39%的学生选择"拥有一定的财富"是一个成功创新创业者的标志，11.88%的学生选择"拥有一定的社会地位"是创新创业成功的标志，仅有23.10%的学生选择能"创造一定的社会价值"，还有3.63%的学生选择其他（能够自由分配时间，不给别人打工），可知当前大学生对创新创业的认识还较为肤浅。

表 3-6　大学生对于创新创业成功衡量标准统计表

选项	拥有一定的社会地位	拥有一定的财富	创造一定的社会价值	其他
频数	216	1116	420	66
占比（％）	11.88	61.39	23.10	3.63

（三）大学生创新创业动机不成熟，容易受到内外因素的影响

根据统计结果，大多数大学生创新创业动机并不成熟。由表 3-7 可知，大学生在创新创业动机方面，"改善生活条件"和"实现个人梦想"这两项的比例最高，分别为 79.17％、74.16％。说明大部分大学生创新创业的动机仅仅是为了个人的利益，还没有上升到为国家和社会的层面。62.72％的在校大学生希望通过创新创业来缓解就业压力，这反映出一些学生的创新创业动机并不是拥有强烈的创新创业意愿，而是屈从于目前紧迫的就业形势，这样的创新创业动机可能导致这类学生在创新创业过程中遇到挫折时出现态度不坚定、逃避等现象。

另外，由表 3-8 可以了解到大学生创新创业的主要障碍。近 60.28％的大学生不愿意创新创业的原因是缺乏社会关系，75.64％的大学生是因为自己社会阅历尚浅，认为"资金不足"的大学生数量最多，占到 86.73％，选择"对失败的承受能力不足"的近 70.81％，这表明大学生不愿意创新创业是因为创新创业压力太大，害怕遇到挫折与困难，反映出大学生面对创新创业并没有很大的信心，存在畏难心理。可以发现个人主观因素是阻碍大学生创新创业的重要因素，这也说明了高校创新创业教育对学生创新创业价值观的引导有所欠缺，导致学生产生对创新创业的错误认识及狭隘理解。

表 3-7　大学生创新创业动机统计表

选项（多选）	频数	占比（％）
改善生活条件	1441	79.17
实现个人梦想	1283	74.16
解决就业问题	1085	62.72
自己做老板，不受约束	850	60.58
创造社会价值	841	45.10

续表3-7

选项（多选）	频数	占比（%）
响应国家号召	411	19.71
看到同学在做，从众跟风	176	6.71
逃避学习压力	103	4.28

表3-8 大学生参与创新创业活动中会遇到的阻碍统计表

选项（多选）	频数	占比（%）
无社会关系	1070	60.28
社会阅历尚浅	1325	75.64
资金不足	1464	86.73
家人反对	252	17.24
对失败的承受能力不足	1397	70.81
缺乏好项目	894	58.63
没有他人指导	890	39.37
其他	28	5.69

（四）学生赞成学校开展创新创业教育

由表3-9可知，认为高校创新创业教育应该针对全体学生开展的占51.43%，认为"可以开设选修课，让同学自由选择"的占30.17%，认为"无所谓，安排了我就去上课""学生的主要任务是学习，没有必要进行创新创业教育"的分别占3.03%、1.23%。可知大多数学生对高校开展创新创业教育的行为表示认可，对学校开展创新创业教育持积极态度。

表3-9 大学生对学校开展创新创业教育态度统计表

选项	频数	占比（%）
应该针对全体学生	875	51.43
可以开设选修课，让同学自由选择	603	30.17
只需要针对有创新创业想法的同学	264	14.14
无所谓，安排了我就去上课	54	3.03
学生的主要任务是学习，没有必要进行创业教育	22	1.23

（五）高校创新创业教育发展不均衡，内容单一，流于形式

根据表 3—10、表 3—11 的调查数据，横向对比"一流大学、一流学科建设高校""其他公办本科高校""民办本科高校（含独立学院）""高职高专"创新创业教育的开展情况，可以发现"一流大学、一流学科建设高校"与"高职高专"的创新创业课程开设的情况要好于"其他公办本科高校"与"民办本科高校（含独立学院）"。但在创新创业教育的实效性方面，"高职高专"开展创新创业教育效果要好于"一流大学或一流学科建设高校""其他公办本科高校""民办本科高校（含独立学院）"。

由表 3—11 可知，"一流大学、一流学科建设高校""其他公办本科高校""民办本科高校（含独立学院）""高职高专"学生选择"面向全体学生开设创新创业培训课程"的比例情况分别是 60.42%、50.07%、47.03% 和 73.82%，表明在创新创业课程的设置上，四个层次学校有相当大的差距，"一流大学、一流学科建设高校"与"高职高专"的创新创业课程开设情况要好于"其他公办本科高校"与"民办本科高校（含独立学院）"。

根据表 3—11，在高校创新创业教育整体开展情况不佳的情况下，"高职高专"的创新创业教育开展情况要好于"一流大学、一流学科建设高校""其他公办本科高校""民办本科高校（含独立学院）"。

可见"高职高专"对于高校创新创业教育的重视程度要高于"一流大学、一流学科建设高校""民办本科高校（含本科学院）""其他公办本科高校"，也从侧面说明了高校创新创业教育整体开展情况不乐观，流于形式，发展不均衡。

表 3—10　高校开设创新创业教育课程情况对比表

单位：%

选项	开展状况良好，收获很大	单纯理论教学，收获不大	没有讲授实质性内容，流于形式	未参加，不做评价	总计
一流大学、一流学科建设高校	45.07	32.74	10.12	12.07	100

续表3-10

选项	开展状况良好，收获很大	单纯理论教学，收获不大	没有讲授实质性内容，流于形式	未参加，不做评价	总计
其他公办本科高校	36.02	30.18	6.99	26.81	100
民办本科高校（含独立学院）	36.14	15.57	8.26	40.03	100
高职高专	51.04	34.62	4.81	9.53	100

表3-11 各高校创新创业教育课程安排情况表

单位：%

选项	全体学生开设	只对毕业班开设	开设选修课	没有开设	不清楚	总计
一流大学、一流学科建设高校	60.42	5.93	21.62	3.76	8.27	100
其他公办本科高校	50.07	9.29	11.37	4.22	25.05	100
民办本科高校（含独立学院）	47.03	6.04	9.29	4.29	33.35	100
高职高专	73.82	2.41	6.03	1.02	16.72	100

（六）高校对大学生创新创业教育中的社会主义核心价值观不够重视

当前高校创新创业教育主要集中在创新创业技术与创新创业技能教育上，而对社会主义核心价值观的融入工作重视不足。

对于"社会主义核心价值观融入大学生创新创业教育的情况"这一问题，在访谈中，某校大学生创新创业工作负责教师谈道："我们学校在大学生创新创业活动方面做得比较多，比如我们学校的创新创业俱乐部每年都会举办大学生创新创业实践的活动，但是针对社会主义核心价值观融入创新创业教育的活动少有开展，目前我们学校对于学生创新创业教育的培训着重于创新创业知识的普及和创新创业技能的培育。"

某校大学生创新创业教育工作人员在访谈中说："目前我们对于大学生创新创业教育的扶持主要集中在资金扶持和创新创业项目指导和规

划上，对于社会主义核心价值观教育与大学生创新创业教育之间的直接结合做的工作相对较少。"

在采访对社会主义核心价值观融入高校创新创业教育的必要性看法时，某校创新创业课程教师说："在关于培养创新创业学生的思想政治意识上我们确实之前有所关注，在每年跟创新创业学生的谈话中我们发现部分学生的创新创业动机不单纯，功利心较重，长此以往对学生的发展非常不利。注重高校创新创业教育中融入社会主义核心价值观，帮助学生树立正确的价值观是很有必要的，但是目前我们学校对于创新创业教育的开展主要还是在课堂教育、创新创业场地补贴及创新创业资金扶持上。"

从访谈中可以了解到，部分老师对于高校创新创业教育中社会主义核心价值观的作用有清楚的认识，但目前高校创新创业教育中社会主义核心价值观方面的工作开展得十分有限。

（七）大学生对于社会主义核心价值观融入高校创新创业教育有需求，但对于社会主义核心价值观融入高校创新创业教育的作用认识不全面

由表 3－12 可知，有 86.28％的学生认为社会主义核心价值观融入高校创新创业教育非常有必要，表明大部分学生对社会主义核心价值观与高校创新创业教育融合非常认可，也说明大学生对于社会主义核心价值观融入高校创新创业教育有着极大的需求。

大学生对于社会主义核心价值观在高校创新创业教育中的作用有清楚的认识，但还不够全面。由表 3－13 可知，选择"帮助自己形成正确的创新创业价值观""帮助自己形成良好的道德规范"的大学生分别占 87.29％和 72.38％，可知大多数学生认为社会主义核心价值观在高校创新创业教育中主要起到帮助大学生形成正确的创新创业观、形成良好道德规范的作用。但对于"培育自己创新创业精神及创新创业意识""帮助自己更好地理解社会主义核心价值观的内涵""激发自己的创业动力"，选择的学生相对较少，这表明大学生对于社会主义核心价值观在高校创新创业教育中的作用认识不够全面。

表3-12 大学生对社会主义核心价值观融入创新创业教育必要性看法统计表

选项	有必要	没必要	无所谓	不知道
频数	1657	123	81	60
占比（%）	86.28	6.39	4.21	3.12

表3-13 大学生对创新创业教育中社会主义核心价值观作用认识情况调查表

选项	频数	占比（%）
培育自己的创新创业精神及意识	1215	63.26
帮助自己更好地理解社会主义核心价值观	1294	67.38
帮助自己形成正确的创新创业价值观	1676	87.29
帮助自己形成良好的道德规范	1390	72.38
激发自己的创业动力	1122	58.45

第二节 社会主义核心价值观融入大学生创新创业教育存在的主要问题

通过问卷调查及对部分老师和同学的访谈，笔者发现一些大学生在一定程度上存在着信仰不坚定、价值取向不正确、社会责任感不强烈、团结奋进精神不强等多方面问题，特别是有的大学生过于急功近利，过分看重金钱、权力、利益等，缺乏当代青年大学生所应有的责任和担当。与此同时，高校创新创业教育体系不成熟、教育方法不当、教育环境缺失，将社会主义核心价值观融入大学生创新创业教育不充分、不合理，也是当下社会主义核心价值观融入大学生创新创业教育过程中亟待解决的问题。

一、社会主义核心价值观在大学生创新创业教育中价值引领作用缺失

从问卷调查结果可知，目前部分在校大学生具有强烈的参与创新创业活动的意愿，但他们对创新创业的认识仅仅停留在表面，认为创新创

业只是通过创办企业来获取金钱等利益，这就出现了创新创业态度不端正，创新创业动机不当，创新创业精神、道德缺失等问题。某高校辅导员说："我认为目前高校的创新创业教育是对大学生职业素质教育的补充，本质上是为了帮助同学更好地就业，在我们学校主要以创新教育为主，少有涉及创业教育。大学生的社会经验尚浅，社会资源不足，在校期间还是要以学习为重，我认为过早给学生灌输创新创业意义不大，甚至会给部分学生带来一定的负担。"不仅学生对于创新创业教育的认识较为片面，部分高校老师对于创新创业教育的认识和理解也不够透彻和全面，他们认为开展大学生创新创业教育只是单纯地为了提高大学生就业率，没有从促进大学生综合素质全面发展的角度，没有从国家和社会对大学生的期望和需求的角度来理解大学生创新创业教育的意义。

二、教育内容僵化，缺乏多样性和针对性

目前部分高校关于社会主义核心价值观融入大学生创新创业教育的内容单一，缺乏多样性和针对性。大多数教师的创新创业教学往往淡化社会主义核心价值观，把重点放在创新创业知识讲解和创新创业技能培训上。调查结果显示，部分高校关于社会主义核心价值观融入大学生创新创业教育的主要内容体现在倡导诚实守信和艰苦奋斗上，而没有重视爱国主义教育、思想道德教育、法律法规教育，对于在大学生创新创业活动中所需要的创新创业品质、创新创业精神、创新创业素质、创新创业伦理等没有进行有针对性的培养。在这样的大学生创新创业教育环境中，社会主义核心价值观无法适当地融入，学生创新创业的素质难以提高。

部分高校认为当前大学生的主要任务是扎扎实实地学好专业知识，不鼓励学生在校期间参与创新创业活动，以免其耽误学业，因此不需要对学生进行创新创业教育。即使开展相应的创新创业课程也是为了完成上级单位的要求，遑论将社会主义核心价值观充分融入大学生创新创业教育。

另外，一些高校管理者认识到了将社会主义核心价值观融入大学生创新创业教育的重要性，举办了各种各样创新创业讲座以及创新创业经

验分享等活动，但多数活动还只局限于创新创业技巧与心理、当前国家创新创业政策与形势分析等方面的指导，对大学生个性与能力的定位与分析不够，难以开展有针对性的教育，缺乏一套科学有效的系统教育管理模式。

三、教育方法单一

目前，大多数高校对于社会主义核心价值观融入大学生创新创业教育的研究工作教育理念陈旧、教育方法单一，在对学生进行创新创业教育时仍然依靠创新创业类理论讲座、创新创业大赛、创新创业演讲大赛等，并没有深入挖掘学生的兴趣和当前社会的需求，没有将社会实践引入日常的创新创业教育，因而无法提高大学生对创新创业的积极性。即使在大学生创新创业教育中融入社会主义核心价值观教育，教学效果也不敢保证，教学活动过于空泛，教育者缺乏相关的实践经验，通常会用一些空泛的概念以及理论来教育学生。如果理论与实践脱离，不仅无法正确指导学生通过社会主义核心价值观来解决实际创新创业过程中遇到的困难和挫折，还可能引起学生的反感和失望，导致社会主义核心价值观融入大学生创新创业教育无法顺利进行，难以达到预期要求。

四、大学生对于创新创业认识肤浅

目前在校大学生对创新创业教育的理解还比较片面、肤浅，甚至有的大学生认为创业是那些找不到好工作的同学才会考虑的事情。由于深受传统教育观念的影响，许多学生认为只要顺利通过各项考试，成功拿到毕业证、学位证，将来就以此获得一份令人满意的工作。受到这种传统观念的影响，一些大学生注重的是自己的专业文化成绩及排名、是否能获得各类奖学金等指标，而忽略了对创新创业意识、创新创业能力的培养以及自身综合素质的全面提升。在校园随机访谈中，当问及"你是否有过创新创业打算"时，有15%的被调查者回答"完全没有"，而"正在进行创新创业"和"已经成功创新创业"的都不到2%。还有一部分学生将创新创业教育视为精英教育，认为只有少数学习成绩好、个人综合素质高、创新能力强的同学才有能力学习。以上现象导致大学生创新创业教育发展进程缓慢，学生对与创新创业教育相关的学习和活动参与热情不高。

由于大学生对于创新创业教育的本质存在认识偏差，不少学生认为创新创业是为了经济效益和财富，以功利化的态度对待创新创业，因此我国高校创新创业教育存在功利化的价值取向。在对在校大学生的随机采访中，当问到"如果你正在或者想要创新创业，你最主要的目的"时，有40％的同学选择的是赚钱，而极少有同学选择创造社会价值、实现个人理想。这在某种程度上说明了拜金主义对大学生的影响，这种急功近利的方式是不可取的，也不利于高校创新创业教育的发展。

在采访中还发现一些大学生对于创新创业将要遇到的困难和挑战认识不足，或者认为只要有了不错的创意就能取得成功，认为只要有好的想法创新创业就会极易实现。面对创新创业的困难，有的学生承受挫折的心理素质有待提高。当被问及"你认为大学生创新创业的最大障碍是什么？"时，选择"面对风险心理承受能力不足"的学生占32％。

五、宏观教育环境脆弱

除了学生学习积极性不强，高校教育体系发展较慢，大学生创新创业教育系统环境也亟须改善。虽然近些年国家出台了大量鼓励大学生参与创新创业实践活动的政策，但很多政策缺乏可操作性，有些政策不完善，没有办法落实。目前，我国还没有完善的鼓励个人创新创业和保护创新创业者利益的政策机制，也没有专门为大学生创新创业者提供咨询和服务的机构，社会各方面的理解、支持与扶助也不够。

在采访中，当被问及"你是否了解国家关于大学生创新创业的支持政策和优惠措施？"时，表示"不了解"的学生占43％。这说明政府及高校对于创新创业政策的宣传不足，宣传力度有待加强。当被问及"你认为目前大学生创新创业支持政策有什么作用？"时，有28％的同学回答"基本没有"，只有12％的同学认为政策对创新创业的支持和影响很大。由此可见，大学生创新创业扶持政策的作用有待加强。

第三节 社会主义核心价值观融入大学生创新创业教育存在问题的原因

一、大学生创新创业教育流于形式

作为高校开展社会主义核心价值观教育的重要平台和载体，创新创业教育的整体发展情况直接决定了社会主义核心价值观融入大学生创新创业教育的实效性。数据显示，目前大学生创新创业发展不平衡，大学生创新创业教育工作流于形式。

（一）大学生创新创业教育体系未能融入高校教育体系

虽然目前大部分高校均已开展大学生创新创业教育，但调查结果显示，高校大学生创新创业教育普及率还很低，部分学校只将其作为选修课，仅对参与选课的同学进行相应的指导和培训。大部分同学只听说过大学生创新创业教育，却从来没有真正深入了解和接受过大学生创新创业教育。造成这一现象的主要原因是大学生创新创业教育并没真正地成为一个独立存在的学科，也没能真正地融入高校教育体系。

（二）大学生创新创业教育资源缺乏

我国各高校创新创业教育的发展时间较短，多数高等院校尚未形成完善的大学生创新创业教育课程体系。部分高校虽然开设了大学生创新创业相关课程，但仍属于选修课程，且选修课程也始终局限在经济学院、管理学院、商学院等部分学院。目前高校大学生创新创业教育课程资源单一、覆盖学生少，非经济管理类学生难以接触足够的创新创业课程。就部分高校开设的创新创业教育课程的内容和形式来看，高校开设的创新创业教育的课程内容比较零散，缺乏系统性和针对性，无法跟其他专业的课程相结合。在课程形式方面，其教育形式比较单一，大多数高校的创新创业教育仅以第二课堂的形式存在，通常是讲座形式或者相对独立的选修课。

二、社会主义核心价值观融入大学生创新创业教育缺乏顶层设计和理论指导

当前社会主义核心价值观教育融入高校创新创业教育出现了较多问题，尤其是高校创新创业教育中思想引领工作负责主体不清、权责不明、社会主义核心价值观教育与高校创新创业教育理念融合不清等问题。其根本原因在于高校创新创业教育中社会主义核心价值观教育缺乏有序规划的顶层设计和丰富的理论研究。

（一）社会主义核心价值观融入高校创新创业教育缺乏顶层设计

社会主义核心价值观融入高校创业教育方面缺乏顶层设计。近年来，在国家越来越重视创新创业教育的格局下，大多数高校开始全面推进创新创业教育，其中社会主义核心价值观融入高校创新创业教育的工作也正在不同程度地推进。但社会主义核心价值观教育和创新创业教育没有形成系统，社会主义核心价值观在高校创新创业教育中的定位相对模糊，难以体现社会主义核心价值观融入创新创业教育的实效，其现实效果不尽如人意。

（二）社会主义核心价值观融入高校创新创业教育研究相对不足

相对于社会主义核心价值观研究，社会主义核心价值观融入高校创新创业教育的相关理论研究非常少。一方面，截至2020年5月，在中国知网（CNKI）上检索到的"社会主义核心价值观融入大学生创新创业教育"与"社会主义核心价值观与大学生创新创业教育相结合"的文章数量分别是28篇和3篇，可见相关理论研究非常少。另一方面，我国的创新创业教育与世界上其他国家相比起步较晚，创新创业教育的教材用的是国外的译本，不能完全适应本土学生的发展。理论研究的缺失阻碍了高校创新创业教育的发展。

（三）现实教育理念不统一

在理论上，高校创新创业教育目标应是培养具有创新精神、创业意识和创新创业能力的高素质人才。但目前，高校创新创业教育往往以大学生短期创造了多少利润为目标，甚至部分高校以学生创办了多少个企业、取得了多少效益作为创新创业教育考核的指标。这样造成了创新创业教育目标偏离正轨，教育实际效果不佳。

（四）教育形式不明确

目前高校创新创业教育的教育形式是课堂理论教学与创新创业实践相结合的模式。课堂教学侧重于企业管理等内容，创新创业实践教学侧重于企业组织管理沟通、创新创业大赛、创新创业项目路演、创新创业演讲等内容。但是社会主义核心价值观融入高校创新创业教育应该融入哪些内容、教授哪些内容、形式如何等，在实践中还不够明确。

三、高校创新创业教育导师水平参差不齐

大学生创新创业教育师资问题已经成为当前大学生创新创业教育所面临的重要问题之一。师资问题主要体现在教师数量不足、专业水平参差不齐、创新创业实践经验缺乏等多方面。对大学生进行创新创业知识、创新创业技能和创新创业品质培训，需要一批具有高水平思想政治素养和扎实创新创业理论及实践经验的师资队伍，但目前许多高校都是将辅导员作为大学生创新创业教育的主要师资。

高校辅导员一般只熟习大学生社会主义核心价值观工作并不具备足够的创新创业教育能力，真正具有创新创业实践经验的老师更是少之又少。创新创业教育具有很强的可操作性和实践性，如果老师缺乏相应的知识背景，很难将社会主义核心价值观融入大学生创新创业教育，从而影响教育的成效。

所以，大学生创新创业教育教师数量是否充裕、教师专业素养能否过关、能否满足目前学生对于创新创业教育的教学需求是高校顺利实施社会主义核心价值观融入大学生创新创业教育的关键所在。因此，为推动大

学生创新创业教育的长足发展，建立一支结构合理、人员充足、质量有保障的教师队伍是至关重要的。

四、大学生个人能力缺失，创新意识薄弱

大学生创新创业者或刚出校门的创新创业者往往受到自身眼界和能力方面的限制，他们虽有远大的理想抱负，但在创新创业实践活动中往往眼高手低，不知如何选择目标、开拓市场、制定营销方案等。此外，心理素质不强、风险意识不足、资金匮乏等也都是影响大学生创新创业成功率不高的主要原因。

当今大学生在参加创新创业实践活动中主要还存在以下三方面的不足：

第一，创新创业意识淡薄。部分高校将创新创业指导主要限制于少数学生或个别协会、团体，眼光还盯在精英教育上。部分大学生安于现状，缺乏创新意识、风险意识、冒险意识、职业素养、团队意识和创新创业精神。"通过创新创业走向成功""通过创新创业实现人生价值报效祖国"的主流价值观还没有形成。

第二，大学生心理素质较差。创新创业过程中有多大的机遇就会有多大的风险，有多大的希望就会存在多大的困难。有的大学生对创新创业的难度认识不够，缺乏相应的心理建设和心理准备，认为只要有想法敢行动，就一定能获得成功，没有充分考虑到创新创业过程中遇到的各种风险和挑战，没有认识到创新创业过程中的困难和艰辛，无法保持一种稳定的心态。

第三，大学生的创新创业经验匮乏。由于大学生活环境的封闭，大学生往往缺乏社会经验，法律意识也较为淡薄。大学生应该多关注创新创业领域，了解相关法律常识，树立遵纪守法的观念。

从对省内 9 所院校的调查情况来看，大学生对高校开展的创新创业教育活动总体满意度不高，对创新创业的认知不完善，但对创新创业活动是具有热情的。而高校对于大学生创新创业教育中社会主义核心价值观的作用不够重视，教育内容僵化，教育方法亦比较单一，宏观教育环境脆弱。究其原因，在于大学生创新创业教育并未深度融入高校教育体

系，同时缺乏教育资源，大学生创新创业教育工作流于形式。而社会主义核心价值观教育融入高校创新创业教育理论研究亦不足，缺乏理论指导。另外高校创新创业教育的导师水平、大学生的个人能力及创新意识也是影响总体满意度的重要原因。

第四章 社会主义核心价值观融入大学生创新创业教育的内涵

第一节 社会主义核心价值观及大学生创新创业教育的内涵

一、社会主义核心价值观的内涵

一个国家会形成一个独特的核心价值体系，该核心价值体系不仅对每个社会成员的人生观、价值观、世界观产生重要的影响，更是深刻地影响着一个国家政治、经济、文化等各个方面。

社会主义核心价值观作为社会主义核心价值体系的精华，体现了"为中国特色社会主义发展、为人民服务而努力奋斗"的崇高社会理想。"富强、民主、文明、和谐，自由、平等、公正、法治，爱国、敬业、诚信、友善"是对社会主义核心评价体系的高度概括。建设社会主义核心价值体系，树立社会主义核心价值观，不仅有助于推动中国特色社会主义的健康稳定发展，而且对于当代大学生综合素质的发展也有着极其重要的意义。莘莘学子只有牢记社会主义核心价值观的内涵，并以其为人生价值导向，才能在人生道路上克服种种困难和考验，在为祖国奉献、为人民服务的过程中实现自己的人生价值。

二、大学生创新创业教育的内涵

大学生创新创业教育主要是为了满足经济社会转型的需要，以培养大学生的创新精神、创业意识、创新创业能力为核心，通过创新创业实践活动来激发大学生的创造力。

大学生创新创业教育最早源于国外对大学生创新创业教育的界定，主要培养学生从事商业的能力，促使学生从一个求职者变成工作岗位的创造者，重点在于创业。当前中国的大学生创新创业教育在原有内涵的基础上进行了拓展，从原有的经济商业领域扩展到了思想、文化、政治等领域，将创新和创业同时作为培养学生的重点。

创新是指创造新的机制，创业是指创造新的事业。我国大学生创新创业教育面对全体大学生已融入各个高校人才培养的全过程，以专业课教育和社会主义核心价值观教育为基础，通过思维训练、实践拓展等方式，培养大学生的创新精神、创业意识、创新创业能力等。

大学生创新创业教育符合我国经济社会发展的现实需要，创新引导创业，创业带动就业，培养大学生的创新创业思维精神能力，提高大学生的综合素质和社会竞争力，增加高校人才培养的新内涵。

第二节　社会主义核心价值观对大学生创新创业教育的丰富

一、社会主义核心价值观对大学生创新创业教育价值观念的引领

大学生创新创业教育是围绕着大学生创新创业教育目标展开的，大学生创新创业教育过程就是实现大学生创新创业教育培养目标的过程。在这个过程中，将社会主义核心价值观融入其中，一方面为大学生创新创业教育的开展提供了方向指引，另一方面也为大学生创新创业教育的实现提供了科学的评价方法和评价体系。

（一）社会主义核心价值观引领大学生创新创业教育的方向

教育的根本任务是"立德树人"，大学生创新创业教育同样也是以"立德树人"为根本目标，培养道德高尚的创新创业者。"立德树人"的"德"的重要体现是社会主义核心价值观。因此，我国大学生创新创业教育培养的亦是践行社会主义核心价值观的创新创业者，社会主义核心价值观也应是大学生创新创业教育的指南。社会主义核心价值观体现了个人、社会和国家在价值观层面的辩证统一，以社会主义核心价值观为引领的大学生创新创业教育也应该充分兼顾创新创业者个人、社会和国家三个方面的需求，使大学生能够以个人的创新创业实践来推动社会发展进步，助力国家繁荣富强。

因此，社会主义核心价值观对于大学生创新创业教育的引领主要表现在三个方面：一是要坚持以大学生创新创业教育为核心打造平台，营造与社会主义核心价值观相符合的创新创业教育文化，以健康的大学生创新创业教育文化来带动整个社会的创新创业风气。二是高校要建立与社会主义核心价值观相匹配的创新创业教育人才培养计划，为培养优秀的创新创业者奠定坚实的基础。三是高校要通过大学生创新创业教育，帮助大学生形成与社会主义核心价值观相一致的世界观、人生观、价值观，使大学生建立符合社会主义核心价值观的创新创业道德操守。

（二）社会主义核心价值观作为大学生创新创业教育开展的评价依据

长期以来，我国高校多以创新创业成果转化、创业率等可量化指标作为评价依据来判断大学生创新创业教育开展效果。在现有的评价依据和评价体系下，高校更看重的是大学生创新创业者从事创新创业活动的经济水平，看重他们所创造的物质财富，而忽略了创新创业者的道德素质和自身修养，社会大众也更倾向以创新创业者所创造的物质财富来评价其成败。将经济水平作为创新创业教育评价体系的核心指标有以下两个方面原因：一是过去我国长期坚持以经济建设为中心，创新创业者在进行创新创业实践时受其影响，在众多影响力指标中过分关注经济水平指标；二是由于受西方国家的影响，出现了经济道德缺失的现象。

社会主义核心价值观融入大学生创新创业教育是将社会主义核心价值观与大学生创新创业教育、创新创业实践紧密联系起来，也为高校从道德维度评价高校创新创业教育提供了依据。所以，将社会主义核心价值观融入大学生创新创业教育，一方面是引领大学生创新创业教育的方向，另一方面也为大学生创新创业的开展提供一定的评价依据。

二、社会主义核心价值观对大学生创新创业教育内容的充实

经济活动是多主体共同参与的活动，不同的主体又有着不同的分工，相应地，创新创业活动也涉及不同的创新创业主体。大学生创新创业教育可以分为宏观和微观两个层次，不同层次的创新创业教育价值取向也不尽相同。社会主义核心价值观分为国家、社会、个人三个不同的层次，为国家、社会和个人提供了基本的价值判断标准。

（一）国家层面

国家层面的创新创业教育看重创新创业作为一种商业行为对国家的积极意义。国外学者在从宏观层面研究创新创业教育时发现，创新创业经济的兴起会使创新创业者的财富不断积累，而这种积累又会导致社会财富两极化，它既能推动国家和社会的发展，但同时又会激化社会矛盾，加剧贫富差距。还有学者指出，一些创新创业者容易受到个人利益的驱使，忽视对社会的责任和贡献，将个人利益置于集体利益之上，做出违背道德甚至违背法律的事情。也有许多创新创业公司不关注环境问题，在创新创业中未考虑环境成本，或以破坏环境来牟取私利，例如共享单车尽管为人们的出行提供了方便，也减少了废气的排放，但大多数公司都没有考虑单车的回收和再利用，导致废弃的单车对环境造成污染。我国宏观层面出现的创新创业问题，一方面是由于与创新创业相匹配的社会制度还不够完善，缺乏对创新创业活动的监管；另一方面是由于创新创业者还未树立正确的创新创业道德价值观，不能处理好创新创业和国家发展、环境生态之间的关系。社会主义核心价值观融入大学生创新创业教育则从国家层面丰富了创新创业教育体系，帮助大学生创新创业者以更宏观的视角来从事创新创业实践活动，明确一位合格的创新

创业者的担当和使命。

社会主义核心价值观在帮助大学生创新创业者提升自我修养的同时，也让大学生考虑如何用个人的创新创业实践来推动我国的现代化文明进程。总而言之，国家层面的核心价值观会使大学生创新创业者将个人的创新创业实践与国家整体的富强、民主、文明以及和谐结合起来，将个人的道德实践与家国命运结合起来。

（二）社会层面

社会层面的创新创业关系主要是指创新创业团队内部、创新创业组织以及其他社会群体之间的关系。创新创业作为一项社会性的实践活动，涉及不同群体之间的关系，既涵盖了创新创业组织内部，如员工的伦理关系，也涵盖了创新创业组织和其他社会群体，如政府、消费者之间的关系。这既有内在创新创业者、创新创业组织存在不正确的价值观的原因，也有外在的监管制度的不完善以及其他社会群体道德问题的原因。在社会主义核心价值观的引领下，大学生创新创业者既能正确处理组织内部关系，营造积极向上、平等公正的创新创业氛围，又能树立良好的法治意识，在坚决遵守法律规定的同时学会使用法律来维护自身权益。社会层面的社会主义核心价值观为大学生在创新创业中应该遵守的价值观和原则提供了指南。

（三）个人层面

创新创业者在组织中往往是核心领导，其性格对整个组织的氛围都有重要的影响。创新创业者在创新创业过程中必然有自身的特质，如冒险精神，但也应该具备基本的道德操守。国外大量研究表明，成功的创新创业者往往拥有良好的道德品质、具有高度的社会责任感。我国创新创业者在创新创业过程中会面临个人层面的创新创业道德问题，若不能正确处理个人利益与他人利益的关系，可能会做出损害他人利益的事情。不正确的价值观会阻碍大学生的创新创业实践。社会主义核心价值观融入大学生创新创业教育则是帮助大学生创新创业者树立正确的价值观，使大学生形成良好的道德品质。

三、社会主义核心价值观对大学生创新创业教育实践

在我国，国家、集体和个人的根本利益是一致的，要坚持将集体原则作为调节个人和社会关系的利器，当两者产生矛盾时，要把集体利益放在首位。大学生创新创业者一定要恪守社会主义核心价值观原则，在创新创业实践中，合法合规地从事创新创业活动，不损害他人利益、社会利益、国家利益，实现国家、社会、个人的共赢。

价值原则作为抽象的价值体系，总要借助具体的价值规范确证自身的存在。价值规范作为价值观的具体展开，就是要告诉人们正向的行为是什么，以及应该规避什么样的行为。在社会主义核心价值体系中，集体主义是最高价值取向，居于统摄地位，对其他层次的价值原则起着导向和牵引的作用。

在创新创业活动的开展过程中，创新创业者既要遵循市场规律，也要确立以集体主义为价值导向的行为规范。换言之，一方面不断提升自我、完善自我，努力成为一名综合素质过硬的大学生创新创业者，另一方面也要妥善处理好国家、集体与个人之间的关系，将个人的理想融入国家理想。

创新创业是一项人与人之间交流互动的实践活动，在这个过程中大学生创新创业者要与不同的人群构建不同的关系，这就要求大学生有足够的能力面对不同层次的人群，处理各种各样的矛盾和冲突，妥善解决可能出现的问题。

大学生创新创业者不仅是学生，更是公民。应该遵守法律法规和社会道德规范。大学生创新创业者应该做到敬业乐业，干好本职工作，在为社会奉献自我的过程中实现人生价值。

四、大学生创新创业者对社会主义价值理想的追求

理想是个体对自身发展的目标和向往。当前阶段，社会主义核心价值观就是我国社会的奋斗目标和方向。实现社会主义价值理想，需要正确处理好个人理想和社会理想之间的关系。社会的快速发展为实现个人

理想创造了客观的基础，个人理想在一定程度上表现为社会理想，社会理想的实现则需要每个人理想的努力与汇聚。历史表明，在积贫积弱、内忧外患的大时代背景下，个人理想的实现无法超越民族发展的时代机遇，会受到社会理想、社会发展的限制，正是基于对救亡图存与民族振兴的宏伟夙愿，许多仁人志士将实现民族独立和人民解放作为个人的奋斗理想。这一历史重任的完成离不开人民对共同信念的持守。

当前，"大众创业，万众创新"已经势不可挡，在这样的历史洪流中，大学生创新创业者应着眼于祖国发展现状，将个人理想和繁荣富强的民族伟大复兴中国梦相结合，在社会主义核心价值观的引导下将个人的创新创业梦付诸实践。

第三节 提高大学生综合素质和修养

一、引导创新创业价值取向

高校在开展大学生创新创业教育过程中，不仅要注重对大学生相关知识技能的培训，更要关注对其思想信念、道德品质的引领，培养新时代德才兼备的大学生创新创业者。

创新创业教育应在核心价值观的引领下最大限度地帮助受教育者认清自我，树立创新创业理想，以自我觉醒驱动自主实践，在自由意志的指引下探求个人实现的最优化发展路径。创新创业的最终目标是在个人利益和社会利益实现之间寻求恰当的平衡，这表现出既反对极端利己主义，也不倡导完全放弃自身利益。因此，社会主义核心价值观引领下的高校创新创业教育应当对高校大学生创新创业者的价值取向进行重新搭建，在尊重个人创新创业多样化、个性化发展的同时，开展创新创业活动，服务社会其他创新创业团体与成员，在实现个人价值的同时为社会做出应有的贡献，逐渐实现个人利益和集体利益兼容并存。

二、提高大学生创新创业者品质修养

一个优秀的创新创业者应该具备不怕困难、坚韧不拔、诚实守信、积极向上的品质。创新创业的过程必定充满了考验和磨砺，需要每位创新创业者都要以社会价值观为导向，调整自己的心理状态，坚定自己的意志信仰。然而在创新创业实践过程中，不少大学生会出现意志不坚、逃避困难、轻言放弃的行为，也有诚信意识淡薄、欺骗、造假、不信守承诺等不端表现，还有大学生抗压能力较差，不能有效排解压力，以致产生消极、懈怠的情绪。所以，高校应将社会主义核心价值观作为宏观指导，塑造大学生的意志品质，使其坚定创新创业信念，增强抗挫折能力，激发迎难而上的进取精神。

三、提升大学生创新创业者基本能力

创新创业能力主要包括创新创业所具备的知识技能、创新创业思维、创新创业意识、管理和人际关系处理能力等。将创新创业教育工作合理融入大学生各个年级教学体系，针对各个学段的学生特点进行专项能力提高，从基础原理学习、创新创业模拟演练、创新创业实践开展逐步递进式培养。

第一，创新创业意识可以通过有效的教育方式打破学生固有的思维方式，帮助学生培养和锻炼发散思维、逆向思维、归纳思维等。创新创业精神是一个企业发展的本质要求和不竭动力，更是该企业在激烈竞争中脱颖而出的必要条件。要培养大学生的创新思维，使其开阔眼界，增长知识和才干；激励大学生勇于开拓进取，在创新创业项目选择、技术方法革新、员工管理等方面进行改革。第二，创新创业实践能力是指将创意及创新企业的构思落实、转化为实践活动的能力，包括公关沟通、组织协调、机会能力等，是创新创业过程中有效解决问题的重要保障。

四、倡导大学生全面自由发展

通过教育活动促进人的个性充分、自由地发展是学校实现育人目标的内在要求。与传统的素质教育相比，创新创业教育在培养的广度和深度上是有差别的，其不仅培养学生社会化过程中必备的素质技能，更注重培养学生的自我发展能力和创新能力，是一种更高层次的素质教育。大学生创新创业教育尊重个性差异，鼓励个性多样自主的发展，它将创新创业型人才培养作为直接目标，以激发创新创业的潜质作为突破口，着重培养学生的创新创业意识、创新创业思维和创新创业能力。这是创新创业教育作为教育形式的特殊价值所在，为大学生的个性发展提供了广阔的空间。

除此之外，大学生的创新创业实践活动必须经历一个从认知到灵感到行动的过程。在此过程中，大学生要经历思考规划、信息搜集、人员交流、市场开拓等一系列的活动，从而更了解自己，发现自己的兴趣和爱好，明确自己的优点和不足，更好地确定自己的未来发展方向。

第五章　社会主义核心价值观融入大学生创新创业教育价值引领

第一节　引领大学生的创新创业价值取向

将社会主义核心价值观全面深层次地融入大学生创新创业教育，需要从我国高校创新创业教育的现状出发，立足我国基本国情，从不同维度全方位研究社会主义核心价值观融入创新创业教育的路径，让社会主义核心价值观引领高校大学生的创新创业价值取向。用社会主义核心价值观引领创新创业教育可以帮助大学生认清自我，了解社会形势，树立创新创业理想，调动他们的积极性、自觉性、创造性，以自觉性驱动自主实践，培养出具有创新创业思维、创新创业意识、创新创业能力的新型复合人才。

一、大学生创新创业价值观的内涵

针对创新创业价值观的内涵解释，大量学者对此进行了研究，并提出了不同的见解。鲍艳红认为创业价值观是指在创业过程中，创业主体对创业的相关认识以及观点，可以反映出创业者的品质、心理素质、能力和对法律知识的掌握程度。除此之外，创业者的创业动机、自信心、诚信度以及是否能依据法律法规指导自己的创业行为也是创业价值取向的考察因素。创业价值观作为创业者的精神信仰将贯穿整个创业过程，时时刻刻影响着创业者的创业目标、创业方向以及创业行为。邓硕宁在研究中指出，创新创业价值观的主体为高校大学生，创新创业价值观的基础是高校大学生自身的需求，它是对创业目标的重要性的认识和在创业时采取的有效的行动方式的精准判断与合理选择的标准，它对人们的创业目标和创业行为具有指导和调节作用。王晓莉认为创业价值观是以主体本身的需要为基础，在创业前以及创业中所采取的行为方式的判断和选择的标准，通过对创业的态度、创业目标的重要性的认识，指导并调节着人们的创业目标和行为。

大学生还未形成完整成熟的思想体系，其世界观、人生观、价值观尚处于构建和完善的阶段，极易在创新创业过程中被不同的价值观左右，形成价值偏差，导致思想"开小差"，甚至会出现严重的决策错误，导致创新创业项目失败。有研究指出，少数大学生在开展创新创业实践活动的过程中过分狂热地追求价值利益。部分大学生在创新创业过程中抱着"捡漏""抱大腿""乞讨项目"的被动想法和心态，甚至为达目的不择手段，竭尽所能地追求利益最大化。因此，社会主义核心价值观应贯穿于大学生创新创业教育的全过程，高校帮助大学生树立正确的世界观、人生观、价值观，并组织开展社会主义核心价值观下的创新创业活动，积极引领当代大学生参加正确方向和定位的创新创业比赛，在指导大学生创新创业活动中不断检查，不断完善。

二、社会主义核心价值观下大学生创新创业价值观的特征

（一）创新创业价值观的主体性

由于个人所处地位、接受的教育不同，每个人的创新创业价值观亦不同。从主体所处的地位看，有代表人类整体利益的，也有代表一定社会和阶级利益的，甚至还有直接反映个人利益的。主体的个体性决定了创新创业价值观的特殊性，由于生活经历、兴趣爱好、每个人所接受的教育的程度以及所追求的价值不一样，有人把创新创业视为获取荣华富贵的手段，有人把它视为提高个人素质的途径，这体现出创新创业价值观的主体差异性。

（二）创新创业价值观的可变性

主体的创新创业价值观会随着社会的不断发展而变化。创新创业价值观的不断变化也是为了适应主体的需要。人类社会是不断发展的，因此个体自身也有一个不断发展和完善的过程，这就导致创新创业价值观会根据社会的发展和个体自身的发展产生变化。

（三）创新创业价值观的稳定性

创新创业价值观是人类自身需要和以利益为基础形成的关于创新创业价值的观念，是一定的社会历史条件下人类从实践活动中积累的经验，因此它也具有较稳定的性能，一旦形成就很难改变。创新创业价值观的稳定性表现在：其一，创新创业价值观会世代相传而很少变化，如中国数千年以来讲究做生意要以诚为本；其二，创新创业价值观是人类关于创新创业价值的一种思维模式；其三，当创新创业价值观受到不同的创新创业价值观念的冲击时，不会轻易发生改变。

三、社会主义核心价值观引领下大学生创新创业价值观培养路径

大学生创新创业价值观的培养可以从学校、企业和社会三方进行。学校是大学生塑造价值观的重要场所，可以通过理论教育，树立创新创业先锋模范、组织开展创新创业相关活动等多种途径，有组织、有计划地对大学生开展创新创业价值观的宣传与教育活动。

企业可以为想要开展创新创业实践的大学生提供实践机会，让他们在实践中感受真实的创新创业的过程与氛围，帮助他们在实践中完善自己的价值观。

创新创业是一种社会行为，所以创新创业价值观教育的培养也会被社会影响。我国的社会环境正在不断发生变化，复杂多变的信息环境，企业与企业之间、个人与个人之间的竞争环境，等等，我们应该把握住对创新创业有利的社会环境，以社会环境为依托，培养自己的创新创业价值观。

第二节　提高大学生的创新创业道德修养

一、大学生提高自身修养，树立正确的价值观

当代大学生一是要认真学习和掌握毛泽东思想、邓小平理论、"三个代表"重要思想、科学发展观、习近平新时代中国特色社会主义思想，并且充分利用在创新创业中。除此之外，当代大学生需要将理论与实际相联系，从个人发展的实际出发，把自己的创新创业理想和整个社会的发展需求结合起来，将个人的愿望同国家、社会的实际需要有机结合起来。二是加强创新创业实践锻炼。创新创业价值观作为在创新创业实践中所产生的一种价值观，是一种实践精神，它不能脱离实践而存在，只有在不断实践的过程中才能对创新创业价值观有深刻的理解领悟。三是主动修正和调整自我，不断开阔自己的视野，除此之外，当代大学生应该从自律敬业、诚信发展、拼搏奋斗这三个方面提升自己的修养。

自律即自我监督以及自我控制。一个人是否足够自律，往往体现在他对自身行为的约束以及对一件事情的完成度上面，一个不自律的人往往是一个缺乏理想、无所作为、行动散漫、对自己不负责任的人。而敬业体现在一个人坚定不移的目标以及认真负责的处事态度上，这两者都是创新创业所需要的基本素质。

诚信是指对待自己的事业真诚、正直，不因眼前利益而做对他人不利的事情。因此需要人们用法规、制度和规范来约束自己、管理自己，自觉遵守相关准则。只有诚信才能让创新创业健康持久地发展下去，创新创业者才能走向成功。

拼搏奋斗要求大家对待事情有不折不挠的态度以及坚韧不拔的品质，将创新创业作为自己的唯一目标，并且能够忍受创新创业初期的煎熬，在困难险阻面前依旧能保持自己的本心，遇上所有困难都能不放弃，坚信自己一定能取得最终的成功。

二、高校协助大学生提高创新创业道德修养

学校是培养知识的摇篮，是塑造大学生创新创业价值观的殿堂。创新创业价值观是大学生创新创业教育的重要成分。所以，大学生创新创业价值观的培养可以依托学校，通过教育者的理论教育、模范榜样、活动组织等多种方式，联系受教育者的实际情况，由社会主义核心价值观引领，有计划、有组织、有系统地对大学生开展创新创业价值观的宣传和教育活动。例如，高校可以将创新创业道德修养与道德伦理课相结合，在道德伦理课的教学过程中，潜移默化地提升大学生的创新创业道德修养。在社会主义核心价值观教育中，高校教育者要紧密联系理论与实际，以大学生的实际需求为出发点，引导大学生正确地进行自我评价，帮助大学生树立正确的创新创业价值观。由于创新创业价值观具有稳定性、可变性、社会历史性等特征，创新创业价值观教育是一个长期的过程。除此之外，也可以通过案例讲解或者开展专题讲座的方式邀请成功校友返校分享自己的心得感悟、心路历程，树立道德标杆，协助大学生提高自身创新创业道德修养。

三、企业培养大学生创新创业道德修养

创新创业道德修养的提高离不开实践。企业可以为想要开展创新创业实践的大学生提供实践机会，帮助他们在实践中提高自身的自律敬业精神、诚信发展意识和拼搏奋斗精神。

第三节　提升大学生的创新创业基本能力

一、创新创业基本能力

创新创业具有一定的风险，这要求创新创业者在把握机会的同时要

学会评估创新创业的利弊，因此在开展创新创业实践过程中，创新创业者的风险应对能力尤为重要。关于创新创业中的机会识别能力，许多学者也进行了深入的研究，例如，林嵩、姜彦福提出了机会识别理论模型，该模型包括机会的自然属性、创业者的个人特征、核心开发过程、创业战略、企业成长五个部分，并指出对创新创业者产生重要影响的是自然机遇和个人能力两个方面，其中自然机遇与创新创业者后期成长密切相关，自然机遇离不开创新创业者个人能力的培养。

个人能力主要包括组织能力、表达能力、领导能力和创造能力。

组织能力包括实施、决断、计划、指导及协调能力。大学生可以参与企业的各项项目与会议，通过了解企业目标的制定与实现过程来提升自己的计划能力；通过参与企业组织的各种教育活动来提高自己的实施能力；通过对项目的得失做出综合判断以及有效解决问题来提高自己的决断能力；通过学习企业人员对目标知识方法等诸多方面的协调指导以提高自身的指导能力与协调能力。

表达能力主要包括口头表达能力和书面表达能力。每一个创新创业者都应该培养自己的表达能力，努力学习和掌握相关的知识与技能，积极参加各种增强表达能力的活动。

领导能力在企业中就是管理者和领导者对个人的影响力。创新创业者同时也具有领导者的身份，所以创新创业者要不断打磨自己的领导能力，在群体中树立威信，才能带动自己的创新创业团队，调动他们的积极性，让创新创业最终走向成功。

创造能力是创造新思想、新事物、新成果的能力，善于在不同的知识领域和实践领域内创造性地思考问题。思维的深刻性指能深刻认识问题的本质，抓住事物的核心，揭示问题产生的原因。思维的灵活性指思维敏捷，思路清晰，善于举一反三，在新情况出现时，能快速找出解决问题的方法。思维的独立性体现在对现有的看法或者观点不随意附和，一定是经过自己的思考，深思熟虑后提出的观点。

二、创新创业基本能力提升方式

（一）高校的支持

创新创业能力和创新创业价值观教育是高校创新创业教育当中相辅相成的两个部分。高校在大学生创新创业方面担任着不可或缺的角色。高校教师作为当代大学生高校创新创业的辅导者与引路人，应该具有较高的思想政治素质、文化知识和工作能力。对于创新创业价值观教育者而言，思想政治素质是教育者的根本素质，它包括正确的政治立场、方法和观点，卓越的专业素养，优良的工作作风。因此，高校创新创业教育者应当带头践行社会主义核心价值观，并依托社会主义核心价值观的引领，开展创新创业教育。同时，创新创业教育者要有广博的创新创业文化知识与熟练的创新创业技能，以满足创新创业者对知识的渴求。

随着科技的不断发展，传统单向式的教学模式难以满足大学生的需求，个性化、多元化的教学模式应运而生。为了充分调动学生的积极性，在社会主义核心价值观的引领下，学校可以通过采用多样化的创新创业价值观教育方式，如模拟实验、示范教学、高管讲座等，提高大学生对创新创业的兴趣和热情。然而这些活动仅仅依靠校内教师很难完成，需要聘请校外相关领域的人才，如聘请金融风投人士、商界名流等作为大学生创新创业的校外导师，为大学生创新创业提供重要的参考。

（二）家庭的支持

家庭作为学生成长的第一所学校，父母作为学生的第一任老师，对学生创新创业能力的培养起着举足轻重的作用。然而有些家长无法接受"创新创业"这个新事物，认为孩子只要有一份稳定的工作，能养活自己，一生顺风顺水，便万事大吉。有的家长甚至反对大学生创新创业，认为他们不务正业，甚至采取极端手段阻止他们开展创新创业实践。殊不知，大学生创新创业实践对创新创业者能力的提升以及经济条件的改善都有着极大的好处。因此，家长要转变对大学生创新创业的态度，用积极的行动去支持想要开展创新创业的大学生。

（三）社会的支持

大学生创新创业本质上是一种社会性的活动，因此社会在大学生创新创业中起着重要作用。由于我国的创新创业教育课程起步晚，社会对大学生创新创业的认识不够，相应的支持也少，因此创新创业教育者要充分发挥其宣传、协调功能，通过舆论宣传和教育，进行创新精神以及创业意识方面的引导，为大学生的创新创业行为争取更多的社会支持。

（四）国家政策的支持

国家可以举办各项创新创业大赛，或者在高校开展创新创业试点服务站，通过下拨创新创业培训资金等方式，构建大学生创新创业服务体系，培养大学生创新创业能力。

第六章　社会主义核心价值观融入大学生创新创业教育课程体系

大学生创新创业教育课程是指高校有计划、有组织,以提高大学生创新创业综合素质为目的所开展的相关课程与活动的总称,也是高校课程体系的重要组成部分,更是大学生获得基本创业知识技能以及创业途径的重要方式。创新创业教育课程能否全面、科学、保质保量地开展,很大程度上影响着大学生创新创业的实际效果。如果将社会主义核心价值观有效地融入创新创业教育课程体系建设过程,让社会主义核心价值观与大学生创新创业教育进行有效连接,不仅可以使创新创业教育课程在内容方面得到充分的扩展和延伸,还可以使得课程更加多样化、具体化、全面化。除此之外,在教育效果方面也能得到深化和凸显,使得大学生在创新创业理论学习中取得更加优异的成绩与理论经验。将社会主义核心价值观融入大学生创新创业教育课程体系,不仅是保证大学生具备清晰合理的创新创业价值观以及高尚的职业道德品质的前提,也是培养高能力、高素质创新创业者的必然要求。

本章将从明确创新创业教育课程的育人地位、完善创新创业教育课程的模块内容、提升创新创业课程的育人实效三个方面,来讨论社会主义核心价值观在大学生创新创业课程体系中的融入情况。

第一节　明确创新创业教育课程的育人地位

在社会主义核心价值观融入高校大学生创新创业教育体系的过程中,应明确创新创业课程的育人地位。创新创业教育在当今社会不仅是就业教育的一部分，还是一门独立的新兴学科，我们应该摆正对创新创业教育学科的态度。

一、创新创业文化与社会主义核心价值观相符合

创新创业文化是指在开展创新创业实践的过程中，创新创业者普遍表现出的行为方式、思想意识、态度意识、价值观念以及提供企业支持与创新创业活动支持的社会意识总和。它由个体所具有的创新创业意识和社会关于创新创业的意识两部分构成。从个体来说，主要表现为创新创业者的创新精神、创业意识和创新创业道德价值观。从社会意识来说，主要表现为当今社会对创新创业的态度以及创新创业的氛围。不同的创新创业文化对创新创业的影响有很大的区别，积极向上的创新创业文化具有凝聚力量、激励和约束创新创业者的作用，而消极的创新创业文化会让创新创业者互相欺诈、自我怀疑，从而降低创新创业者开展创新创业实践的意愿，阻碍创新创业者的实践活动。

举一个例子，小明和小李是大学同学，他们大学毕业后都想创业，并且获得了创业的机会，然而由于经验不足以及其他原因，他们第一次创业都失败了。在面对自己的孩子在创新创业实践中失败的这个事情时，小明和小李的家长的反应截然不同，小明的家长在得知小明想再次创业时给予了充分的支持与肯定，他们相信由于第一次创业失败，小明一定能从中吸取经验，并且会在以后的创业中取得成功。然而当小李的家长得知小李创业失败时，他们劝小李找一份收入稳定的工作，并且认为小李并不是能成就大事的人，只适合按部就班的工作，前一次创新创业的失败正是印证了这一个结论。小李听到自己的家人如此评判他，对自己选择创新创业这一条道路产生怀疑，并把第一次的失败归咎于自己能力不足、眼界狭隘，最后他选择进入一家收入稳定的公司，当一名普普通通的职员。5年以后，小明有了自己的上市公司，并且成功入选当地十佳杰出青年企业家，而小李在公司做着本职工作，再也没有想要创新创业的打算。

从上面的故事中，我们不难看出个人创业容易受到周围环境的影响。将创新创业文化融入创新创业是当代高校培养创新创业人才不可或

缺的环节。高校创新创业教育作为培育创新创业文化的重要力量，应该明确创新创业教育课程的育人地位，将社会主义核心价值观与创新创业文化相结合，形成符合新时代中国特色社会主义的创新创业文化。一方面，大学生创新创业文化培育应坚持将社会主义核心价值观融入大学生的创新创业道德价值观，让社会主义核心价值观激励和约束当代大学生创新创业实践过程；另一方面，高校要将大学生创新创业者作为主体，培育能够辐射全社会的高校创新创业文化，用健康的高校创新创业文化带动整个社会的创新创业风气。

二、创新创业人才培养规格与社会主义核心价值观相匹配

仲伟伫等人在《创业文化对创业者创业动机影响的实证研究》中提道："人才培养规格是学校对所培养出的人才质量标准的规定，指受教育者应达到的综合素质，它是学校工作的立足点和重要依据，是整合教育诸要素，实现资源最优化的核心。"[①] 高校创新创业人才培养规格则指高校对创新创业人才质量标准的规定。所以在创新人才培养规格与社会主义核心价值观相匹配的过程中，高校应该特别注重大学生创新创业精神、创新创业意识、创新创业能力的培养，并以此作为培养创新人才的质量标准。通过创新创业指标的培养，大学生创新创业者的创新创业精神将更进一层楼，创新创业意识和创新创业能力也能显著提高，抗压能力也将在原来的基础上有质的飞跃。

当今社会，创新创业人才可以分为引领技术前沿和挖掘市场需求的创意型人才、灵感型人才和精英型人才，以及促进创新落地和执行创新的复合型人才。但是无论是创意型人才、灵感型人才、精英型人才还是复合型人才，都是以创新创业精神、创新创业意识和创新创业能力为衡量指标。当前，高校创新创业教育在人才培养规格方面缺乏对大学生创新创业的道德培养以及创新创业价值观的培养要求，这就会导致人才的价值观和道德维度缺失，高校创新创业人才的培养效果不佳。

---

① 仲伟伫、王亚平、王丽平：《创业文化对创业者创业动机影响的实证研究》，《科学学与科学技术管理》2012年第9期，第161页。

高校应该确立更加完善的创新创业人才质量培养标准，让创新创业人才培养规格和社会主义核心价值观相匹配，培养出契合社会主义核心价值观的创新创业人才。

三、创新创业者个人职业操守与社会主义核心价值观相一致

职业操守是指人们在从事一定的职业活动和工作中必须遵守的道德底线和行业规范。由于牵涉利益纠纷以及个人发展，职业操守的好坏更能反映一个人的品行。

由于创新创业本身就是一项特殊的实践和职业，随着我国经济的日渐繁荣，创新创业实践的活跃度日渐提高，创新创业者的数量也在不断增加。创新创业者在个人能力、受教育程度等方面存在着很大的差异，除此之外，创新创业者选择的行业以及他所擅长的领域也有所不同。虽然创新创业是一种开阔性、创新性的活动，但是创新创业者也必须要遵守基本的创新创业道德规范，践行社会主义核心价值观。高桂娟、邓媛媛在《角色认同与职业操守——我国大学教师文化的反思与建构》中指出："创新创业者核心价值体系和行为方式的形成是创新创业者的角色认同和职业操守共同作用、相互影响的结果。创新创业者对自身角色的认定，包含了创新创业者对自身作为创新创业者身份的辨识度与确认度，以及创新创业者对社会所界定的创新创业者内涵的认知与体验。"[1]因此创新创业者应该明白自己该做什么，不该做什么，以及自己有权做什么，无权做什么。换言之，在开展创新创业实践中，创新创业者的职业操守成为创新创业者遵循道德底线的一大保证，也是创新创业活动有效进行的保障之一。

高校大学生创新创业道德培育的基础目标就是要培养大学生的职业操守，让大学生在面临抉择时做出正确的且不违背社会秩序的选择。由此可以看出在高校道德素质教育中融入社会主义核心价值观教育具有十分重要的现实意义。

---

[1] 高桂娟、邓媛媛：《角色认同与职业操守——我国大学教师文化的反思与建构》，《教育理论与实践》2008年第21期，第33页。

第二节　完善创新创业教育课程的模块内容

创新创业课程模块内容的选择和安排都体现了一定的价值取向，将社会主义核心价值观融入大学生创新创业课程模块内容，是将社会主义核心价值取向、价值原则融入其中。创新创业课程模块内容的完善可以体现在知识与技能多元化、过程与方法标准化以及情感、态度、价值观维度深刻化三个方面。

创新创业课程的完善将极大地助力高校人才的培养，帮助大学生从课堂里感受创新的乐趣，提高大学生的创新创业意识和能力，为创新创业实践活动打下坚实的基础。

一、知识与技能多元化

知识与技能维度多元化体现在多元学科知识的融合以及实践技能的融合上。创新创业知识包含创新创业伦理、创新创业道德原则规范等伦理知识，以及经济、法律、管理等内容。高校可以创新创业基础课程为平台，培养学生解决具体创新创业难题的能力，比如运营管理、公司财务、市场营销等学习。还应该开设选修课程，提高大学生的人文知识素养。

大学生学习创新创业伦理知识也是从新的角度对社会主义核心价值观进行再认识。以诚信为例，在开展创新创业实践过程中，诚信不仅代表创新创业者对消费者的诚信，还包含创新创业者对投资者、创新创业团队等群体的诚信。如果在创新创业实践的初期，创新创业者面对资金不足、竞争力弱等劣势时，不能做到诚实有信，而是急于求成，发布虚假广告，甚至恶意中伤竞争对手，那么就违背了诚信的价值观。为了防止这类现象产生，高校需要进行创新创业伦理培训，将社会主义核心价值观融入高校创新创业教育体系，帮助大学生形成正确的人生观、价值观，为以后的创新创业实践做好准备。

若一个创新创业者仅仅具备本专业的创新知识和技能，而不涉及与公司运营相关的其他领域，该创新创业者的创业必定是失败的，正所谓"打江山容易，守江山难"。以 ofo 共享单车为例，作为中国"互联网＋"大学生创新创业大赛金奖项目，其开创了中国共享单车的先河，并一度处于领先地位，曾占据大部分市场份额，但是由于经营管理不善，押金难以退还，消耗了消费者的耐心和信任度。最后该公司宣布破产倒闭，曾经的共享单车领头人如今已在行业中销声匿迹。由此可以看出，创新创业不仅需要聪慧的头脑，还需要大学生创新创业者能够跨领域、跨行业涉猎其他专业知识，在日后的公司运营中能够识破对手的陷阱，使公司能够蒸蒸日上。

二、过程与方法标准化

大学生创新创业课程模块除了完善理论课程外，还需重点开发实践课程，并且所开发的实践课程也要符合社会主义核心价值观的导向。通过实践课程，深化理论知识，提升道德修养，并且提高模拟创业环节参与度以及培养决策应变能力，注重真实创新创业活动的体验。比如，高校与企业合作，引导学生进入企业进行实地学习考察，参加一些具有发展前景的项目孵化讨论。

社会主义核心价值观作为创新创业课程过程与方法的标准，是大学生创新创业伦理决策模型中的重要因素，制约和引导大学生创新创业者进行伦理决策。道德决策是指道德主体在多种因素综合的影响下做出的决定，是为了保证创新创业者能够做出有助于道德的伦理决策。大学生创新创业者应该做出符合社会主义核心价值观要求的伦理决策。社会主义核心价值观在大学生创新创业伦理决策过程中起作用的方式分为两种：一是社会主义核心价值观内化为大学生的创新创业道德价值观，大学生自发地做出契合社会主义核心价值观的决策；二是社会主义核心价值观成为作用于大学生创新创业伦理决策的外在约束力。

三、情感、态度、价值观维度深刻化

价值观维度多元组合之下，创新创业伦理培育的首要内容是培养大学生面对创新创业伦理问题时的正确情绪，促使大学生形成积极的态度，使大学生在开展创新创业实践活动过程中有使命感和社会责任感，将个人际遇与国家前途紧密结合在一起。这就要求各高校将社会主义核心价值观的相关内容融入教学范畴，并将社会主义核心价值观作为切入点，重点培养大学生的价值观、社会伦理、道德品质。在社会主义市场经济中，大学生创新创业者容易以个人利益为中心，并且以个人获利的多少来判断自己是否成功，甚至对于不道德却能获得个人利益的行为表示推崇和赞同，这不利于中国特色社会主义的建设。所以，高校在解决大学生创新创业者个人利益与集体利益的矛盾冲突时，可以采取相应的措施。例如使大学生以正确的创新创业道德价值观为荣，以不道德的创新创业行为为耻，向大学生传播积极的创新创业文化，并形成良好的创新创业氛围，对大学生进行正确的引导。

第三节　提升创新创业教育课程的育人实效

为充分发挥创新创业课程的实效性，一方面，课程的设置、教材的选择、实践活动应该突出学生的主体地位与个性化发展需求；另一方面，要扩大创新创业课程覆盖面。

一、课程设置、教材选择、实践活动突出学生主体地位

张天华、田慧颖在《大学生核心创业素质的培养途径探究》中指出："各院系有必要针对各专业学生特质主动开设相关创业课程，讲授与本专业创业相关的知识，在专业积累的基础上启发创业思维。"[①] 尤其应注重在课程教学中融入核心价值观的内容，引导大学生逐步确立正确的价值观、道德观，并能将其作为行为准则，调和创业过程中的矛盾。课堂教学具有系统性、丰富性和全面性的特点，它使教育者可以借

---

① 张天华、田慧颖：《大学生核心创业素质的培养途径探究》，《渤海大学学报（哲学社会科学版）》2017年第5期，第123页。

助课程这一载体实现与受教育者之间的互动与信息传输，对受教育者形成潜移默化的影响，让受教育者能够成为社会发展所需要的专业人才。

要让社会主义核心价值观融入创新创业课程，首先要在原有课程内容中丰富社会主义核心价值观的内容。目前我国部分高校有"创业学""大学生创新创业基础"等课程，这些课程旨在增强大学生的创新精神、创业意识以及创新创业能力，但是这些课程没有融入社会主义核心价值观。社会主义核心价值观追求的是个人成功、社会进步、国家富强的统一，强调的是个人利益与集体利益的一致性。创新创业者不仅要实现个人的价值，还要为社会创造价值，也只有在个人价值与社会价值之间取得一致性，大学生创新创业者才能实现个人价值。

教材作为课堂教学中不可或缺的载体，将社会主义核心价值观融入教材有利于提高创新创业课程的育人实效。目前我国创新创业教育类的教材数量和种类繁多，但是从总体来看，大多数创新创业教材注重创新创业经验以及创新创业模式的分享，忽略了大学生的道德素质，这不利于大学生创新创业价值观的培养。为了保证大学生在创新创业实践中能够遵守创新创业道德规范以及职业操守，践行社会主义核心价值观，我们必须将社会主义核心价值观融入高校创新创业教育的教材中。

大学生创新创业活动载体包括大学生创新创业大赛、创新创业训练营、创新创业项目孵化平台等。高校应让社会主义核心价值观融入大学生创新创业大赛、创新创业训练营、创新创业项目孵化平台，使其成为实践活动的理念、评价指标以及政策倾向。大学生创新创业大赛是高校创新创业教育的重要活动载体，是大学生将创新想法和创业意识转化为创新创业实践的重要平台，也为大学生开展创新创业实践提供了重要方向。在不同的创新创业大赛理念和评价体系下，大学生创新创业者也会有不同的创新创业实践，比如，在参加中国国际"互联网＋"大学生创新创业大赛、"挑战杯"竞赛的过程中，大学生创新创业者会对创新创业项目进行思考，并且通过团队合作的方式参赛，这能让他们明白团队在一个创新创业项目中的重要性，并且积累经验，有利于提高创新创业课程的育人实效。

大学生创新创业实践活动能够让大学生在潜移默化中接受创新创业理论的熏陶，推动大学生创新创业者进行自我反思。在高校课程中，大学生创新创业者仅仅是创新创业知识的接收者,而在活动中,大学生创新创业者成为创新创业理论的行为实施者,他们的主体性和主观能动性能够得到较好的发挥。

二、扩大创新创业课程覆盖率

扩大创新创业课程覆盖率主要体现在把创新创业教育基础类的课程纳入必修课范围,面向全体学生有重点的培育适合开展创新创业实践的预备力量,形成立体化、层次化课程体系。针对各高校之间存在的创新创业课程硬件实力以及软件实力之间的差距,可以采取网络课程资源共享的模式,将创新创业课程通过提前录制、网络播放上,让每一位在校大学生都有机会接触创新创业课程。除此之外,高校之间还可以通过资源互助共享的交流模式,由条件好的学校帮助创新创业教育资源欠缺的学校,从而扩大全国高校的创新创业课程覆盖率。创新创业教育旨在挖掘大学生的创新创业潜质,培养创新创业能力,它不仅适用于创办管理企业,同样适用于一般的岗位工作者。为了响应国家关于建设创新型国家的号召,各高校应当弘扬公平正义、爱岗敬业的价值理念,在扩大创新创业课程覆盖率的同时,培养创新创业人才。

第七章 社会主义核心价值观融入大学生创新创业教育实践活动

大学生创新创业教育实践活动可从校内、校外两个方面共同进行。校内创新创业实践活动包括举办创新创业经验文化交流活动、各种校内创新创业竞赛以及创新创业成果展，设立为学生服务的创新创业中心与实践基地，以及定期组织专家或成功的创新创业人士开展专题讲座等。校外创新创业实践活动包括大学生在企业的实习实训，以及政府、高校、行业、企业的创新创业园区两个部分，通过"政府、高校、行业、企业、学生"多方融合的方式来完善大学生创新创业平台，提高大学生创新创业效果以及社会竞争力。

第一节 以社会主义核心价值观引领校内创新创业实践活动

一、举办相关的创新创业经验文化交流活动

培养大学生对创新创业的兴趣，可以通过举办创新创业文化节以及成立相关的创新创业社团来实现。开展大学生创新创业文化节，可以通过整合政府、企业、行业、高校四个方面资源，为大学生创新创业注入新的活力。文化节的内容可以设置为"专业的创客辅导营""企业文化进校园""大学生嘉年华"三个方面。在活动过程中，应当让流程以及环节的设计更加务实，形式更加丰富，各项竞赛单元活动应该为大学生量身打造。这样的活动比起难度较高的创新创业比赛更受大学生的青

睐。此类活动能较好地激发参与者对创新创业的兴趣和热情，并促使理论课程实践化、具体化。

"创客辅导营"是指邀请创新创业相关专家以及培训老师对有创新创业想法但毫无经验的学生进行创新创业基础课程内容的讲解，并在课后对已经有创新创业项目的学生进行针对性的指导。"创客辅导营"通过搭建学生与专家之间的交流平台，来帮助学生提高自己的创新创业兴趣及能力。"企业文化进校园"是指高校通过邀请优秀的企业家或者企业管理骨干走进校园，面向学生开展创新创业主题讲座，讲述企业文化以及行业的发展前景，学生通过活动与企业骨干进行互动，在轻松活跃的氛围中以对话或讨论的形式解答创新创业困惑、交流心得，以现实案例带动创新创业热情，发挥活动引导大学生树立与社会主义核心价值观相符合的创新创业道德品质的作用。"大学生嘉年华"可以分为创新创业梦想会、创新创业大赛、科技创新大赛和才艺大赛四个板块，让不同领域和不同优势的大学生都能在自己所感兴趣的领域取得良好的成绩。一方面，需要把高校的大学生创新创业大赛办出效果、办出影响、办出品牌；另一方面，应该把科技与文化相结合，集聚最广泛的资源，凝聚最活跃的力量，以科技引领文化发展，让文化助推梦想起航。在此基础上，大学生创新创业文化节的开办可以为大学生创新创业者提供一个宝贵的实践机会和展现学习成果、自我的平台。

大学生创新创业社团作为以"服务与成就大学生创新创业"为宗旨的公益性青年创新创业组织，致力于帮助和扶持大学生把创新创业梦想转化为创新创业行动，为大学生创新创业营造良好的生态圈。它将培养创新创业意识、了解创新创业知识、强化创新创业能力作为主要指标，将搭建创新创业实践平台作为主要方式，因此，各高校在鼓励学生创办大学生创新创业社团的过程中应该加强指导和培训，提升社团服务水平。首先，充分调动创新创业社团指导教师的积极性，选派责任心强、有专长的教师指导社团开展活动，培训社团成员，提高社团的实践能力和服务水平，更好地发挥其在学生中的示范带动作用，除此之外应该邀请成功创业的学生代表为社团成员分享经验。其次，定期召集社团骨干开展交流活动，通报社团工作情况，总结交流经验，规划下一步工作。通过开展社团骨干交流活动，深入加强社团之间的合作与交流，整合创新创业资源，促使社团间互助互惠、团结共进。

除此之外，创新创业社团应该举办更多的创新创业实践活动，例如组织社团成员在暑假期间进入公司实习，开展创新创业暑期社会实践。暑期社会实践结束以后，社团可以举办创新创业模拟比赛等，让创新创业知识得到更好的发挥。

二、举办各种校内创新创业竞赛以及创新创业成果展

发挥创新创业大赛"以赛促创"的作用，充分调动大学生的积极性，并为其创新创业提供前期准备以及理论实践支持。高校在创新创业竞赛中鼓励大学生在教师的指导下参与一些成本小、资源消耗少的项目的同时，可以与其他中小企业特别是创新创业型企业进行合作。而高校与企业之间的合作充分体现了社会主义核心价值观下的校企关系，有利于国家建设以及人才培养。除此之外，校内创新创业竞赛应该与全国性的创新创业竞赛，如中国国际"互联网＋"创新创业大赛、中国大学生服务外包创新创业大赛、"挑战杯"竞赛等结合起来，通过校内筛选的方式选择出优秀作品进行重点指导，专业培养。

此外，高校可以定期开办创新创业成果展，在校园以展板和实物的形式，或在微信公众号、网站宣传的方式，系统展示各级大学生创新创业训练计划项目的成果、各类学科竞赛的参赛获奖成果、创新创业实验室的建设情况等，为学生搭建交流沟通平台，激发其创新创业的热情和意识。在开办创新创业成果展的同时，高校应当邀请优秀项目的负责人，通过讲述项目背后的动人故事，激发大学生的创新创业热情。相关负责人也可以对相关作品进行操作演示，大学生也可以通过与相关负责人的交流来积累自身的经验，弥补创新创业过程中存在的不足。

三、设立服务于学生的创新创业中心、实践基地

设立创新创业中心、实践基地，打造创新创业训练与孵化基地，改善创新创业环境。以模拟或真实的案例为切入点，通过师生之间思维碰撞、不同专业学生之间优势互补，形成创新创业团队效用，创新科技、

创新管理模式，加速成果的产业转化。除此之外，创新创业实验区可以为高校大学生创新创业实践团队提供必要的场地支持以及基础化的仪器设施，最大限度地保障大学生创新创业团队项目的有效开展，为产品的开发和制作提供良好的条件，也为创新创业实验团队与专家的沟通提供场地，为学生的学科竞赛提供帮助，为后续走向社会的创新创业实践奠定基础。

大学生创新创业中心应当对校内的创新创业活动以及相关的创新创业课程进行统一规划安排，除了配置相关的创新创业指导机构以外，还应该配备创新创业服务部门，为创新创业教育服务、为科研服务、为社会服务，最重要的是为具有创新创业梦想的学生服务。服务中心应当为入驻的团队提供相应的免费服务，比如高校所在创新创业中心进行项目孵化的过程中，所使用的电脑、屏幕、网络等一系列软件设施以及硬件设施都应该免费，所租用的场地也应该免费。除此之外，大学生创新创业中心应当给予在校创新创业大学生一定的免费服务以及免费指导等福利，应该注重整合所需要的"政—校—行—企"力量，联合实施扶持计划。

大学生创新创业实践基地的打造要从功能分区和视觉形象上下足功夫，除了满足创新创业教育体系所需要的各种功能之外，在视觉形象上还要赋予其浓郁的时代感和科技感。实践基地可以分为创新创业教育区、培训区以及项目孵化区三种，大学生可以在创新创业教育区接受理论培训，之后进入培训区进行实际操作以及模拟，有创新创业想法与项目的大学生可以与指导老师沟通，在项目孵化区里进行项目研究。大学生创新创业实训基地能够给创新创业者提供系统、全方位、舒适的创新创业环境，有利于激发他们的创造力，提高他们的专注度。

四、定期组织专家或创新创业成功人士举办专题讲座

定期组织专家或创新创业成功人士举办创新创业精神、创新创业道德、创新创业心理专题讲座，丰富大学生的创新创业视野，并对其进行鼓励指导。大学生创新创业专题讲座可以是成功企业家对创新创业经验

的分享，可以是创新创业竞赛评委通过实际案例对大学生创新创业竞赛的优秀项目、典型问题进行相关讲解，可以是企业家对自己企业创业初期所遇的困难以及经营模式的讲述，可以是在时代潮流下，大学生创新创业者在创新创业过程中的感人事迹与动人品质。

专题讲座的优势在于举办时间的灵活性以及参与对象的自愿性，专题讲座除了为学生进行创新创业方面的答疑解惑以外，还能进一步强化大学生的创新创业意识，有效激发大学生的创新创业热情，在创新创业这条道路上，大学生往往过于天真、缺乏市场意识以及商业管理经验，对市场营销缺乏认识，所以大学生对创新创业的理解还停留在一个美妙的概念和想法上。相关的专题讲座和企业家的创业故事，能让大学生创新创业者明白失败也是一种宝贵的经验。

第二节 以社会主义核心价值观约束校外创新创业实践活动

通过各高校与相关企业建立合作机制，扩展社会创新创业实践基地，提供场地、资金等各类支持，使大学生的创新创业能力得到不断的提升。除此之外，搭建企业、大学、学生共同参与的平台，产学研一体的协同创新平台，将企业的需求与学校的研究以及大学生创新创业联系起来，形成知识交易与企业发展和创新创业的知识中介模式。具体而言，高校可以建立实体平台，以技术转移、创新创业孵化器、协同创新等形式，举办洽谈会、对接会，为企业同学校、学生间的项目、资金交流提供桥梁。校外创新创业实践活动，可以通过大学生创新创业者在企业实习、实践以及在创业园区实际操作两个方面进行。

一、企业实习、实训

企业实习、实训是指高校统一带领有创新创业想法的大学生到工厂、企业熟悉相关管理流程，体验相关岗位工作内容的社会实践活动，由实践经验丰富的创新创业教师或者企业导师答疑解惑。在该阶段大学生可以充分认知创业环节，了解创业过程，感悟创业艰辛，还可以锻炼沟通、交流、管理的能力,检测和评价自身的学习成果。

学校通过校企合作的方式,建立企业实习实训的学习模式,推进创新创业平台的建设,给大学生提供多元化的创业机遇,可以使大学生在实习中提高自身的创新创业能力以及综合素质。因此,开展大学生创新创业企业实习实训,除了让大学生充分感知创新创业的环节、了解创新创业历程、锻炼自身能力之外,还可以树立正确的就业观,培养创新创业意识,是解决大学生就业困难的有效途径之一。组织企业实践活动要注意场地的选择应具有代表性,以自主创办且具有一定规模的企业为佳,为避免实践流于形式,必须保持实践参与常态化、长期性,在实施过程中,相关指导教师要明确监督指导职责,注重实践成果评估与总结,通过有目的、有组织的引导,使大学生在实践中发掘个人创新创业潜能、明确创新创业意向、锤炼创新创业品格,以社会主义核心价值观规范创新创业行为。

在企业进行创新创业模拟实训是营造大学生创新创业氛围的有效措施。大力发展创新创业培训,培养大学生的探索精神、冒险精神、实践精神和创新创业能力,引导大学生积极开展创新创业实践活动,是提升大学生创新创业能力的有效方法。让大学生进入企业实习实训,不仅可以通过观察企业的运营模式积累经验,还可以学到许多为人处世之道,丰富自己的社会阅历,为之后踏入社会打下良好的基础。

二、创新创业园区实际操作

创新创业园区由政府、企业、高校共同出资建立,为进入园区的创新创业者、中小企业提供创业实务咨询、风险投资、人力资源等服务,通过资源共享,实现区域经济的联动效应。为了进一步提高人才培养质量,推进校企合作往深层次发展,需要创新人才的培养模式,因此在"互联网+"的时代潮流下,通过整合政府、行业、企业、学校多方面的资源优势,开展协同育人模式,建设新型创新创业技术园区,全面推进大学生创新创业教育,并且将其个性化、专业化、深度化,立足培养创新创业型人才,服务企业,促进社会发展。

创新创业园区应当形成政府、行业、企业、学校多方联动的体制。

学生可以立足专业优势，学以致用，在园区内部组建创新创业团队和创新创业工作室；导师为团队提供指导；政府和企业可以与学校一起办学，协同育人，为大学生创新创业者筹集创新创业资金，并秉持"全程化帮扶指导"的原则，促进大学生创业企业的发展。除此之外，通过建设园区公共信息服务平台，吸引更多的中小企业以及国内外高新技术企业入驻园区，并建立长期的合作机制，引入更多的专业实践项目，企业管理者将项目开发的实践经验放到信息服务平台上，供师生以及更多的企业人员学习，形成资源的交流和共享。

在鼓励大学生创新创业者以及优秀企业加入创新创业园区的同时，也应该约法三章：第一，为了保证园区的"动态发展，优胜劣汰"，一般成熟型企业合作期不宜太长，且学生团队的项目孵化期不宜超过两年；第二，入驻的企业应当向相关学校提供全年不少于一定课时的大学生创新创业教育课程，并提供相应数量的创新创业导师，指导学生结合专业方向进行创新创业实践；第三，入驻企业帮助高校指导大学生创新创业团队应在四个以上。与此同时，大学生创新创业项目团队应当给予入驻的创新创业企业一定的帮助和支持，实现资源的等价交换，并且在力所能及的范围内对企业进行一定的技术支持，高校也应当给予创新创业企业一定数量的商业订单和项目，做到互助共赢。

以上措施既能让企业人员参与高校的教学项目，教师参与企业的运营管理，学生参与专业实践项目，又能让企业为大学生提供实习岗位，进一步提高专业课教师的教学实践水平、学生的实践操作水平、企业人员的理论知识水平，也有利于社会主义核心价值观下的高校创新创业人才培养教育模式的变革，丰富高校创新创业人才培养模式，吸引更多的创新创业企业以及专家学者为中国培育出更多更强的创新创业人才。

在高校创新创业园区的建设过程中，应当考虑校外企业专家的需求，并将其需求融入园区的创建。例如在园区当中设立供校外专家使用的专家办公室，以及针对企业的企业对接室。针对校内的指导老师和项目团队设立相应的办公区域和研发区域，集教学场地与实践工作场地为一体，教学内容与研发项目为一体，项目类型与入驻企业相互映衬，实现创新创业园区的独立化、多样化和全面化。在园区的发展过程中，应当明确管理制度，成立由政府、企业、行业、学校和专家组成的园区管理委员会，对园区进行规划和管理，协助园区争取资源。除此之外，创新创业园区应当对园区内的校外企业和校外专家学者进行科学合理的评估，对创新创业项目的执行情况以及对项目资金的应用情况进行定时考察，提高园区的整体运作效率，保证园区各项工作的顺利进行。作为创新创业园区的号召者和发起人，高校应当针对行业企业专家的意见，修订大学生人才培养方案和教师考核制度，鼓励有创新创业才华的教师参与企业项目，尽最大可能提高本校的人才培养质量。

第八章　社会主义核心价值观融入大学生创新创业教育保障体系

尽管大学生创新创业已经成为社会关注的热点话题,然而大学生创新创业教育虽已经过十余年的探索和实践,还未取得太多的成果,与现实需求差距较大。大学生创新创业教育保障体系不完善也是导致大学生创新创业教育无法取得有效进展和显著成果的重要因素之一。因此,将社会主义核心价值观融入大学生创新创业保教育保障体系,通过学校、政府、企业合作,从三个维度完善创新创业教育保障体系,以支撑大学生创新创业教育的发展。

第一节　创新创业教育组织机构保障

拥有系统完善、分工有序、条理分明的创新创业教育组织体系是创新创业教育得以有效、快速开展的可靠保障。创新创业教育组织机构的设立应该分为三个步骤:第一步是设立校级领导部门,第二步是设立院系管理,第三步是设立创新创业教育科研组。由上到下,将创新创业教育逐渐细化。

一、设立校级领导部门

校级领导作为创新创业教育的推进者以及决策人者,在创新创业教育中发挥着统筹协调的作用,是创新创业教育组织机构的重要部分。任何一项工作得以深入贯彻实施都必须依靠主管领导的高度重视以及宽阔眼界。因此，高校在相关领导、负责人的甄别上，应当选择具有战略意识的校级领导部门，将创新创业教育的重要性上升到学校办学方向的战略地位。学校主要领导应负责学校创新创业工作，统筹规划每学期的创新创业工作，并将创新创业工作纳入学校重点工作，设立创新创业工作专项经费。应当注意发挥党员领导干部的先锋带头示范作用，在践行社会主义核心价值观的同时，积极响应国家有关创新创业教育的政策、规定。除此之外，负责创新创业的校级领导应深化对创新创业教育的认识，因校制宜，协调和监督各教育单位开展工作，完善创新创业教育课程体系，将创新创业课程与实践活动纳入常态化教学体制，保障其独立的学科地位。学校应该统一安排经验丰富的人员对市面上的教材进行比对分析，并且邀请相关领域的专家教授进行比对，再由任课老师投票选出更加适合本校创新创业教育课程的教材。除此之外，校级领导部门应当针对学校的实际情况，组织相关人员进行讨论，确定本校创新创业教育课程的类型，设置合理的课程数量，合理分配教学时间，让学生在改变学习方式的同时，选择更加适合自身发展的创新创业教育课程。关于创新创业教育课程的成果检验，领导部门可以制定奖励措施，设置课程要求，刺激大学生丰富完善自己的创新创业成果，并通过校内展示、成果分享会等方式宣传。

校级领导部门还应当制定创新创业相关规定，积极传达中央及教育主管部门下发的相关文件，明确创新创业教育是大学生教育教学的重要组成部分，充分保证创新创业教育在高校人才培养过程中的重要地位。如结合学校教学奖励津贴实施办法、大学生学科竞赛管理办法、推荐应届本科毕业生免试攻读研究生的实施办法等相关政策，修订并出台鼓励师生参与创新创业教育与思想政治教育双向建构教育活动的系列政策文件，能够让广大教师积极投身于创新创业教育，让广大师生能够积极参加创新创业竞赛，并对本校创新创业教育做出卓越贡献的人进行奖励。当然这要求高校领导要积极引入社会资源，为大学生提供教育、咨询、活动等服务，为创新创业教育提供相应的经费支持，鼓励大学生创新创业者们敢于创新创业，乐于创新创业。除此之外，高校领导部门还应当为大学生创新创业者提供相应的场地支持，让他们有舒适的环境进行创新创业项目的孵化与培育。通过招商引资、资金分配、设备引进等方式为大学生创新创业者提供条件，是高校领导部门最重要的职责之一，更是全面支持高校创新创业教育发展的重要表现形式。

二、院系管理

院系在创新创业教育培养的过程中应当充分发挥带头作用，鼓励全院教师积极、广泛参与，全面规划大学生的创新创业教育工作，以培养高素质的创新创业人才为出发点，结合本院系学生的专业特点，制定创新创业教育课程规划。除此之外，院系应当为大学生创新创业提供帮助与指导，尤其是在国家政策的解读理解以及创新创业实务等方面，让学生在了解当下国家对大学生创新创业所提供的相关政策的同时，提高自己的创新创业能力。

院系进行创新创业教育管理的过程应该将相关的社会主义核心价值观融入创新创业活动，彰显教学活动育人的本质。如院系通过号召辅导员、任课老师等对学生进行引导，向学生讲授马克思主义理论、社会主义核心价值观以及新时代创新创业精神、意识等方面的内容，引导学生成为对社会有担当、有理想的创新创业者。除此之外，院系在开展创新创业课程时，应当让学生结合市场需求，理性地选择创新创业项目。通过对典型创新创业案例的解析，让学生树立创新创业大局意识、政治意识、奉献意识以及担当意识。

三、创新创业教育科研组

创新创业教育科研组作为学校开展创新创业教育最核心、最需要创造力的部门，应当为学校的创新创业教育发展提供良好的建议。除此之外，还应当参与创新创业课程的设置以及创新创业教材的选择，维护和修订高校人才培养方案中创新创业的模块等。

当学校领导部门响应国家号召，要求开设创新创业课程时，创新创业教育科研组开始负责遴选创新创业的相关教材，并设计出符合本校的创新创业课程模式，比如线下理论课程与实践课程所占的比例、线上"慕课"与视频公开课所占的比例、理论课程的内容、实践课程的内容等。做到既有面向全体学生的创新创业教育基础课，又有面向具有特别需求的大学生创新创业者的教育选修课；既有线下的理论实践课，又有线上的视频网络公开课，还要有符合学校定位和人才培养层次的特色案例课。如果市面上无法找到与本校创新创业课程相符的教材，创新创业教育科研组应当结合学校实际情况自行编写，方便本校大学生以及任课老师使用。创新创业教育科研组也应当将社会主义核心价值观元素融入高校大学生创新创业教育计划，这要求创新创业教育科研组开创新的教学模式，提高课程的实效性，让社会主义核心价值观与大学生创新创业教育能够很好地融合起来，除此之外，创新创业教育科研组也应当设计更多的创新创业项目科研活动，通过提升自身的理论水平以及教学水平，进一步指导创新创业教育的开展。当所设置的课程得到上级领导部门的认可后，创新创业教育科研组应当与院系管理部门取得联系，在开展教学活动的同时，做好相关课程以及教材使用的评估与反馈。

高校创新创业教育科研组也应当对高校大学生人才培养方案中的创新创业模块进行维护和修订，让大学生的专业教育与创新创业教育相融合，形成具有鲜明高校特色的人才培养方案。创新创业教育科研组应当吸收具有德育、法律、金融、管理等方面背景的人才，实现不同学科领域的知识融合。应当对国家政策和社会变化具有敏锐的感知度，在机遇或者变化到来前，事先做好应对。除此之外，也应当与外校的创新创业教研组及时沟通交流，取长补短，相互进步。只有这样，才能打造一支教学能力强、师资力量好的创新创业教育团队。

第二节 专业化师资队伍保障

拥有一支专业素质强、具有高尚道德情操和敬业精神的创新创业教师队伍是创新创业教育持续发展的可靠保证。2019 年，在全国教育大会上，习近平总书记强调："教师是人类灵魂的工程师，是人类文明的传承者，承载着传播知识、传播思想、传播真理，塑造灵魂、塑造生命、塑造新人的时代重任。"由此可以看出，教师作为传道、授业、解惑的载体，他们的水平直接决定了创新创业教育能否可持续发展，甚至直接决定了创新创业教育下培养的人才水平。因此，高校创新创业教师不仅要实现对大学生创新创业知识的传授，更要重点抓住人才综合素质的提升。对创新创业意识和创新创业精神的需求是时代的产物，更是对当代大学生提出的基本要求，在这种时代背景下，教师需要承担相应的责任。然而，并不是所有的教师都有这样的心理素质及能力，因此各高校需要针对性地开展教师的系列专题培训，将理念内化，激发教师创新创业的内在动力，扩充师资队伍，提高师资队伍的质量，完善师资队伍管理体系。

一、扩充师资队伍，提高师资队伍质量

扩充师资队伍，提高师资队伍质量是保障专业化师资队伍的前提，是对大学生进行思想教育以及价值引领的重要力量和保障。要以社会主义核心价值观作为引领，依托创新创业教育，通过挖掘创新创业教育的价值来提升大学生的思想政治素质，就必须对创新创业导师的综合素质提出更高要求。这要求高校要吸引具有高水平创新创业理论的专家学者为大学生授课，也需要接纳具备创新创业经济实力的企业家为大学生提供创新创业经验。比如说可以将企业高级经理人、风险投资人、律师、法官等纳入创新创业的教师队伍，通过结构合理的专兼职教师队伍，实现复合型创新创业者的培养。当然，创新创业教育的老师应当优先选择具有高学历的教学经验丰富的行业领先人才。高学历、高职称人才在一定程度上保障了创新创业教育的质量，双师型教师具有较强的科研能力，可以满足创新创业教育专业化发展需求，又具有一定的创新创业经验，有助于实现创新创业教育理论与实践的统一。

在扩大师资队伍的同时，提高师资队伍质量也是保障创新创业体系的重要构成部分。王章豹、郑治祥在《基于TQM和ISO9000的高校教学质量管理新理念》中指出："学生是教学活动的主体，没有学生学习的主动性和积极性，教学质量是无法提高的，而调动学生主动性、积极

性的一个重要方面就是加强教学管理。"① 因此想要提高师资队伍质量，必须要重构符合新时代创新创业教育大背景下的教育教学管理理念。在扩大师资队伍的过程中也不应急于求成，要做到严格把控，选择出符合深化高校创新创业教育改革相关要求的老师。因为教师队伍的专业化程度是增加创新创业教学信服力的重要因素，也是发挥社会主义核心价值观教育价值的前提。要加强对创新创业教师的素质以及能力的培训培养，提高教师对社会主义核心价值观的认知水平。新时代的创新创业教师不仅要承担专业的教学任务，还要会做思想引领工作，自觉承担起思政育人的任务。这要求创新创业老师要充分认识到所教学科的社会价值，让创新创业教育所蕴含的社会主义核心价值形成教师本身的认同感以及使命感，并且自觉贯彻到创新创业教育课程当中。除此之外，要加强创新创业教师对自身本职工作的认识。作为学生思想行为的塑造者，创新创业教师应当坚持将传授理论知识与教育学生有机统一起来，将知识的传授、能力的培养以及思想的引领融合在一起，在创新创业教育过程中融入社会主义核心价值观。

将社会主义核心价值观融入创新创业教育也要求创新创业教师以身作则，言传身教，起到榜样作用。创新创业教师需要用严谨负责的态度对待工作，也需要用亲切宽容的态度对待学生，具有较高的道德修养，不断反思自己的教学，提升自己的思想道德水平。创新创业指导老师在用丰富的学识引导学生，为学生的成长之路提供指导的同时，也应当拉近与学生的距离，因材施教。只有每一位老师提高自身的素质，才能让整个师资队伍的质量得到提高。

二、完善师资队伍管理体系

如果说扩充师资队伍、提高师资队伍质量是保证师资队伍专业化的前提，那么完善师资队伍管理体系则是保障专业化师资队伍的根本。一个完善的师资队伍管理体系可以让每一位老师都学有所用，让他们在合

---

① 王章豹、郑治祥：《基于 TQM 和 ISO9000 的高校教学质量管理新理念》，《合肥工业大学学报（社会科学版）》2004 年第 3 期，第 3 页。

适的岗位上发光发热，留得住有能力的老师，提高高校的创新创业教育水平。

  这就要求高校首先对师资队伍的管理体制进行完善，从人才引进、开展培训以及考核评定环节出发，明确创新创业教师的招聘要求，注重对应聘者的综合素质进行审查，保证引进人才的质量，提高挖掘社会高质量教育人才的效率。引进人才后，为保证创新创业教师专业水平的持续提升，需要对创新创业教师进行定期培训，邀请行业的专家教授进行演讲，以研讨会的形式促进校内不同学科教师之间的学术交流，实现知识融合与资源共享。更重要的是，可以扩大创新创业教育的社会资源配置，调用发达地区的社会资源以带动偏远地区的创新创业活动。除此之外，建立教师实践进修体系，鼓励教师到企业和国内外高校进行实践和进修，不断提升自己的创新创业教学能力。高校应当在每年固定的时间进行创新创业教师考评，严格考评机制，这不仅是制定创新创业教师的工资福利等标准的重要依据，也是激发工作热情，提高教育实效的方法。除了将职称、科研能力、教学水平、学历等纳入考核标准进行量化评估，还应当注重非量化指标的评估。

第三节 政府企业服务平台保障

  由于创新创业教育成效具有延迟性、滞后性，并且中小型企业生存难度较大，各高校在承担创新创业教育工作主要责任的同时，社会各方也要为大学生创新创业者进入社会，融入市场经济提供保障。因此，可以从政府政策调控、优化企业资源共享机制两个方面，对大学生创新创业进行保障服务。

一、政府政策调控

  政府在宏观层面上应当对高校的创新创业教育工作起到导向和服务的作用。首先，应当引导大学生开展创新创业活动，用社会共同理想激发大学生的创新创业理想。其次，应当将大学生创新创业相关政策与现有的教育发展情况结合起来,进行完善与整改,出台与时俱进的创新创业政策。以政策引导创新创业教育改革,建立地方创新创业领导机构,加强财政、人社部门的协调引导,出台促进大学生的创新创业的措施,如免息贷款、减税等,这不仅可以保障大学生创新创业教育有效进行,也能为大学生创新创业者保驾护航。

除此之外,大学生创新创业教育也需要法律的支撑援助,这就要求国家层面应当尽快完善大学生创新创业教育的相关法律法规,制定和出台符合高校创新创业教育发展需求的配套法律规章制度以及具体的实施细则,加强创新创业和法律法规体系的建设和完善。

在国家层面对大学生创新创业体系进行扶持并且出台相关政策的同时,地方政府应当积极响应完善支持配套的政策。这要求各级地方政府要根据实际出发,在国家政策的基础上,设立专门的创新创业教育咨询中心,免费对创新创业者进行培训,开展风险评估,建立创新创业优惠资金,为大学生创新创业融资提供保障。以切实的利益为大学生创新创业提供动力,尤其应对诚信经营企业、高新技术产业等提供精神和物质双重激励,以政策为导向营造自由宽松、鼓励创新、勇于创业的社会环境氛围,为大学生创新创业营造良好的地方环境以及有力的保障。

当好的政策出台以后,政府还需要对政策执行主体的行为进行监督。这要求政府通过强化内部监督,强化社会舆论和大众参与的监督,以及科学设计监督的内容、程序和手段三个方面,对政策执行能力进行监督。

强化内部监督,体现在由政府部门成立监督机构,量化执行标准,对高校的创新创业教育情况进行实时考察与监督,确保政策执行到位。社会舆论和大众参与的监督,体现在鼓励公司企业参与,构建起庞大有效的社会监督网络,确保政策能够落实到位。科学设计监督的内容、程序和手段,要求对创新创业教育的评价指标量化。通过实践以及理论知识设定创新创业的政策执行标准,建立创新创业政策执行的监督评价体系,落实对创新创业政策执行效果的监督。当然,在监督过程中所监测的内容标准应力求客观、全面、准确,从不同方面、不同领域、不同维度促使各领域政策相互配合,相互监督。

二、优化企业资源共享机制

张天华、田慧颖在《社会主义核心价值观融入高校创业教育机理与机制研究》中指出，要想实现通过高校与企业对接的方式拓展创业教育实践基地，进一步推动科研成果向生产力的转化，一方面需要校企共建实习基地，为大学生将理论知识变为实践提供基础设施，如创新创业场地、创新创业人员配置、设备配置等，将创业意识、构思成果化。另一方面需要搭建校企沟通的桥梁，加快创新创业成果向产业成果转化，比如组织高校师生研发团队，以创新创业项目为课题，在师生共同讨论解决方案的过程中开发学生的创新思维，通过成功案例总结创业经验，放大产学研用环节快速流转的现实价值。[①]

由此可见，校企协同育人，培养大学生创新创业能力，是高校和企业达到双赢的必然选择。首先，高校和企业应当协同创新创业人才的培养目标，立足高校企业共建的应用型教学体系，加强工程基础类课程、专业基础类课程等相关课程的学习，在保证基础课程达到要求的前提下，注重文理结合，增加经济类和管理类课程，培养大学生的逻辑思维能力，将高校的课程与用人单位的需求相结合，促进学生的职业发展。除此之外，校企还应加强实践型、双师型师资建设，企业的负责人可以到高校指导学生创新创业，高校老师也可以到企业进行相关的科学研究。其次，要想优化企业资源共享机制，必须要融合高校与企业文化，加快转换大学生的社会角色，提升大学生的社会适应能力，培养大学生作为未来创新创业者的综合素质和职业素养，这样才能为校企协同培养人才提供文化保障。除此之外，应当构建校企共同遵守的规章制度，共建校企合作实施细则，校企相互支持，制定行政政策、狠抓必要措施，协作发展，保障人才培养发展制度。最后，要以法律法规和规章制度的形式促进校企协同培养人才。企业参与高校专业设置与教育内容的构建开发，为大学生提供实习岗位，并且构建校企共同遵守的规章制度，为

---

① 张天华、田慧颖：《社会主义核心价值观融入高校创业教育机理与机制研究》，《国家教育行政学院学报》2017 年第 4 期，第 63~69 页。

其提供法律保障,建立培养与就业创业相互促进的长效机制,将社会主义核心价值观融入校企人才培养,培育出适合当今社会经济发展的高素质、高品德的创新创业人才。

第九章　社会主义核心价值观融入大学生创新创业教育的评价机制

随着社会主义核心价值观内容的不断发展和完善，国家对大学生群体的社会主义核心价值观的构建与应用提出了新的期待和新的要求。要将社会主义核心价值观融入大学生创新创业教育，最重要、最核心的部分在于将社会主义核心价值观融入大学生创新创业教育的评价机制。在大学生创新创业教育评价机制中融入社会主义核心价值观，是社会主义核心价值观融入大学生创新创业教育的重要途径，也是社会主义核心价值观融入大学生创新创业教育的关注点以及着力点。

本章将从社会主义核心价值观融入大学生创新创业教育的评价功能、评价原则、评价方法以及持续改进措施四个方面介绍社会主义核心价值观融入大学生创新创业教育的评价机制。

第一节　社会主义核心价值观融入大学生创新创业教育的评价功能

融入社会主义核心价值观的大学生创新创业教育评价机制应当从不同维度实现全方位的科学分析，所以此评价机制应当具有导向功能、反馈功能、改进功能以及思想政治教育功能。

一、导向功能

社会主义核心价值观融入大学生创新创业教育的评价机制应当具备

对大学生创新创业教育的引导功能。通过明确评价机制中的对象和目的、规范评价机制中的评价流程、提高评价机制的精确度三个方面来确立创新创业评价机制在大学生创新创业教育中的核心地位，对创新创业教育的组织管理、目标设置、内容安排、方法选择等均可以起到准确、正面和科学的引导以及支配作用。随着社会的不断发展，思想价值观逐渐呈现多元化的趋势，高校应当坚持培养社会主义建设者和接班人，因此对学生价值观的培育尤为重要，在对大学生进行创新创业教育时，需要发挥社会主义核心价值观在大学生创新创业教育中的评价和导向作用，帮助大学生树立正确的教学方向和教育观念。

评价体系的导向性体现在创新创业教育评价中的工作目标以及教学工作的方向性和指导性。方向性体现在被评价者是否按照国家的教育方针、教育政策开展创新创业教育，是否受到被教育者的认同，是否契合社会主义核心价值观，是否符合我国国情。指导性体现在学生接受创新创业教育前后能力有无提升，投入是否得到回报。因此高校可以通过不同角度、不同环节，针对社会主义核心价值观融入创新创业评价体系的组织与实践进行前期的设计指导。

二、反馈功能

社会主义核心价值观融入创新创业教育的评价体系，一方面是高校对于创新创业教育理念、课程质量和创新创业师资素质的具体体现，另一方面是对创新创业教育课程模式的重要反馈。通过评价体系的反馈，可以反映出该校创新创业教育存在的不足。

社会主义核心价值观融入高校创新创业教育评价体系所反馈的问题在一定程度上对于高校创新创业教育具有重要的意义。就创新创业课程而言，评价体系有利于课程内容更贴近实际需求、课程模式摒弃过时低效的方法，更符合当下潮流；就师资队伍而言，评价体系有利于完善教师培养机制，带领创新创业教师深入学习国家关于创新创业教育的相关政策文件以及指导性方针，提高创新创业教师自身的创新创业能力和教学能力；就学生而言，评价体系可以反映学生在创新创业课程中的参与度与接受度，是创新创业教育模式好坏的风向标。融入社会主义核心价值观的创新创业教育评价体系所具有的反馈功能，能够让教育者及时察觉教育中存在的短板，明确教育过程中所需要提升的方向，做到及时纠正、及时升级。

三、改进功能

创新创业教育评价体系最终所呈现的评价结果可以用来评定受教育对象的程度，以及教育模式的水平高低，从而对创新创业教育进行修正和完善，也是将创新创业教育的目标设计、实施方案、反馈形式、评价优劣等不同阶段进行良性循环的重要步骤。通过评价体系中的反馈，可以进行有针对性地查漏补缺，矫正客观存在的错误，完善创新创业教育的方向，帮助老师了解教学过程中的不足和问题，并且通过数据对比，不断进行完善和优化，建立更加全面准确的评价机制。

在高校创新创业教育评价机制中，改进功能一方面体现在可以全面、客观地总结教育成绩，积累经验，在接下来的教育中有的放矢、丰富教学方法，另一方面也体现在创新创业评价机制的自我改正和自我完善当中，即通过重新划分评价指标的重要程度，从而计算出各评价指标的权重，对社会主义核心价值观融入大学生创新创业评价机制进行完善，使得评价机制更加符合当前创新创业时代环境，更加符合当前创新创业教育背景。

四、思想政治教育功能

高校创新创业教育的最终目标是提高学生的创新创业能力，因此创新创业教育评价机制应当积极调动学生的主动性和创造性，设置自我创新精神模块与创新创业能力模块，引导学生关注相关维度，并且吸引学生参与评价过程，提高成就动机，激发创新创业能力，塑造大学生的自信心。除此以外，社会主义核心价值观下的创新创业机制应该适应学生不断变化成长的趋势，挖掘出学生不同阶段的不同需求，如大一阶段对创新创业的认知，大二阶段对创新创业实践的深入，等等，满足不同年级群体、阶段创新创业大学生的需要。思想政治教育功能最后一部分体现在高校创新创业教育始终契合时代精神，适应社会发展，蕴含着将社会主义核心价值观融入大学生日常思想政治工作的具体要求，有利于帮助学生树立远大的理想，培养学生良好的心理品质。此外，高校学生在创新创业教育实践中能够增长智慧才干，锤炼意志品质，形成勇于创新、诚实守信、团结协作、艰苦奋斗的品质，体现了新时期思想政治工作的价值导向，与社会主义核心价值观相符。

第二节　社会主义核心价值观融入大学生创新创业教育的评价原则

一、评价目标具体化

创新创业教育评价目标具体化体现在人才培养结果具体化。将社会主义核心价值观融入高校创新创业课程教育是高校创新创业教育的实现目标，创新创业教育应立足于思想政治工作，明确创新创业教育发展的定位以及目标，提升高校创新创业教育的质量与创新创业教育效果，使高校创新创业教育得以满足当前形势、适应未来发展趋势，为社会培养更多的高素质人才。

二、评价机制科学化

对社会主义核心价值观下的高校创新创业教育进行全面客观的评价分析，应当要求创新创业教育评价机制科学化。因此创新创业评价机制体系的搭建需要基于一定的评价案例以及评价结果，除此之外，还应通过长期教育和短期教育、主观影响指标和客观影响指标等不同角度不同方面进行科学搭建，所搭建的评价机制必须是科学的、专业的、合理的。因此评价机制的各维度权重要分配合理，评价方法切实可行，不能纸上谈兵。这就要求在构建创新创业教育评价机制时，应从评价方式、评价指标、评价结果三个方面确保评价体系科学化。

三、评价方式理论化

在社会主义核心价值观融入大学生创新创业课程评价机制的过程中会出现定性和定量评价。定性评价体现在是否设立专门的创新创业机构以及创新创业领导小组。定量评价体现在对创新创业课程的课程数以及对创新创业课程的师资配置进行评价。在定量评价过程中，以满分为100分的方式进行打分，目的在于将不同维度的评价指标进行简单的无量纲化处理，保证所建立的创新创业评价体系的准确性，用理论知识维护其科学性。当然，除了定性评价和定量评价，也会出现模糊评价，例如所投入的资金成本的情况以及教育经费的具体使用情况，所开展的创新创业课程讲座实际内容等，这就要求在构建创新创业课程评价体系的过程中，对评价指标给予明确的权重和分值处理，保证其评价方式的客观性以及理论性。在计算各项创新创业指标的权重时，应当依据具体的数学理论基础对其进行定量加权处理，并且通过对分值的分析，得出更加理性可靠的结论以及提出可行性对策。

四、评价结果促进化

一个完善的创新创业评价体系应该对创新创业教育具有促进作用。针对通过评价体系所反映的问题进行升级改造，在改造过程中应当保证评价指标与时俱进，能适应社会的发展，体现不同高校创新创业课程的特性，满足当代大学生对创新创业相关知识的需求。由此可以看出，创新创业课程评价体系的促进作用尤为重要，创新创业课程教育评价体系的制定应当回应国家对高校人才培养的要求以及大学生全方位发展的需要，以实践内容为积累，以实践反馈为理论基础和发展动力，以学生接受程度为目标导向，以高校创新创业教育特色为体现，不断调整创新创业评价体系中的各项评价内容、细化各评价指标和对象，对不同方面的评价维度进行整合，通过建立创新创业教育评价体系，对高校的创新创业教育模式进行课程设计、师资配置等调整与促进。

第三节 社会主义核心价值观融入大学生创新创业教育的评价方法

一、选择评价指标

评价指标的选择应当从主观指标、客观指标、学生角度、高校角度这四个方面进行综合选择和思考。此外，评价指标的选择范围应当以创新创业教育过程为起点，以创新创业教育所取得的结果为终点，在这一段时间内进行指标的选择。

以创新创业教育时间线为评价的一个方面，分别从高校和学生两个角度选择创新创业评价指标，在创新创业教育过程中，高校应当从课程的教学质量、教师的质量、各部门的指导帮扶、实践平台的搭建这四个方面进行创新创业指标的构建。学生应当从接受知识程度、创新创业想法萌芽程度、创新创业知识转化为实践操作程度、成功创业程度这四个方面进行创新创业指标的构建。在创新创业教育结束后，根据结果可以从高校和学生两个方面进行评价指标的选择，对高校而言，可以参考高校的创新创业率，例如创新创业的参与度、创新创业的成功率以及高校学生毕业四年后的创新创业成功率；对学生而言，可以通过其对高校创新创业教育的满意程度、对高校创新创业教育的参与度、对创新创业思维的转变度以及对自身创新创业能力的评价四个方面构建创新创业教育结果阶段的评价指标。具体评价指标选择如图9—1所示。

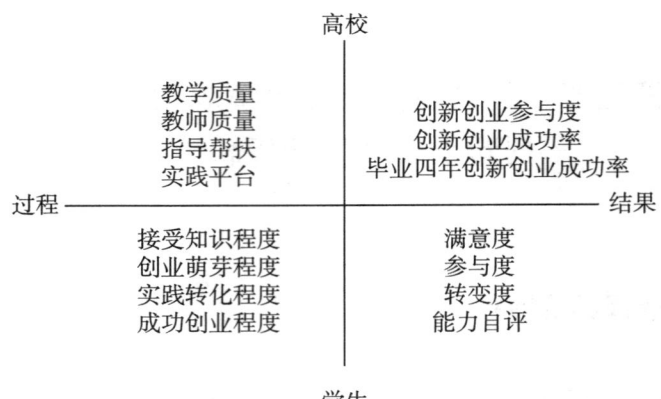

图 9-1 高校大学生创新创业教育评价指标

选择教学质量、教师质量、指导帮扶、实践平台作为高校在创新创业过程中的四个评价指标，原因在于高校在创新创业教育过程中主要起着引导和辅助作用。

创新创业参与度、创新创业成功率以及毕业校友的创新创业率最能直观全面地反映出高校的创新创业教育成果，对这三个指标进行分析可以优化新创业教育的措施。

高校学生在创新创业教育过程中会经历接受知识、创业萌芽、实践转化以及创新创业成功四个阶段，除了接受知识是经过统一规划，并且面向全体同学以外，其他具有一定的主观性以及个性化，针对学生在创新创业过程中的这四个创新创业评价指标，有利于分析各环节人员变化的原因，以及探索各环节人员配比的合理性和准确性。

满意度、参与度、转变度以及能力自评是针对学生自身个性发展所设置的评价指标。这四个指标有利于真实了解学生对大学生创新创业教育的认可程度，具有强烈的主观性，但是高校创新创业教育的最终目标是将学生培养成全面发展的创新性人才，因此学生的个性发展以及对创新创业的主观评价是必不可少的。

二、明确评价方法

针对社会主义核心价值观融入大学生创新创业教育评价机制的构

建,应当首先将上述 15 个指标进行无量纲化处理,再邀请创新创业相关专家以及各专业各领域的学生和相关的老师领导对这 15 个指标打分,进行综合评价,其中专家教授对高校模块进行打分,学生和校友对学生模块进行打分,两个分数所占比重分别为 50%。在评价模型的构建过程中,应当采取主观评价与客观评价相结合的方式,提高创新创业评价体系的科学性以及专业性。本书选择层次分析法与熵值法相结合的社会主义核心价值观下的大学生创新创业教育评价模型,并且两种评价方式所得数据分别占总评价分数的一半,以 A 类高校为例进行分析。

(一) 层次分析法建立主观评价体系

层次分析法是指将影响决策结果的有关的元素根据需要分解成几个层次,在此基础之上进行定性分析和定量分析的决策方法。其基本原理是,根据一定客观现实的主观判断将被评价对象两两比较,建立判断矩阵。通过计算判断矩阵的随机一致性指标值进行检验,评价被评对象重要性程度的权重分配是否合理。

在大学生创新创业教育层次分析法的主观评价体系中,邀请 10 名专家教授对高校方面的指标进行打分,邀请 10 名在校学生和毕业校友对学生方面的指标进行打分,并分别进行层次分析法的分析。

将 n 个创新创业评价指标两两比较,得到各指标间的相对重要程度。用 d_{ij} 评价指标间的相对重要程度,并构建判断矩阵 D。

$$D = (d_{ij})_{n \times n} = \begin{bmatrix} d_{11} & d_{12} & d_{13} & \cdots & d_{1n} \\ d_{21} & d_{22} & d_{23} & \cdots & d_{2n} \\ d_{31} & d_{32} & d_{33} & \cdots & d_{3n} \\ \vdots & \vdots & \vdots & & \vdots \\ d_{n1} & d_{n2} & d_{n3} & \cdots & d_{nn} \end{bmatrix} \quad (9.1)$$

利用 1~9 及其倒数标度法对判断矩阵 D 进行定量化处理,1~9 标度的含义见表 9—1。

表 9-1 1~9 及其倒数标度法的基本含义

1	两个指标相比，具有相同重要性
3	两个指标相比，前者比后者稍重要
5	两个指标相比，前者比后者明显重要
7	两个指标相比，前者比后者强烈重要
9	两个指标相比，前者比后者极其重要
2、4、6、8	上述相邻判断的中间值

将判断矩阵 D 的特征向量作为各个指标的权向量，使用方根法进行计算。将矩阵 D 中的每一行元素连乘并开 n 次方，得到向量 W。然后将 W 中的元素作归一处理，得到权重向量 M。具体步骤如下：

$$w_i = \sqrt[n]{\prod_{j=1}^{n} D_{ij}} \quad (9.2)$$

$$W = (w_1, w_2, \cdots, w_n)^T \quad (9.3)$$

$$m_i = \frac{w_i}{\sum_{i=1}^{n} w_i} \quad (9.4)$$

$$M = (m_1, m_2, \cdots, m_n) \quad (9.5)$$

式中：n——指标个数；

m_i——评价指标的权重值。

由于构造的判断矩阵可能出现重要性判断上的矛盾，需要对其进行一次性检验，来评估老化性能评价指标所分配权重的合理性。对矩阵 D 中的每列元素求和，得到向量 S，根据向量 S 求得判断矩阵 D 的最大特征根 $\lambda_{\max}$。由 $\lambda_{\max}$ 求得一致性指标值 I_C，通过 I_C 求得一致性比率 R_C，具体步骤如下：

$$s_j = \sum_{i=1}^{n} D_{ij} \quad (9.6)$$

$$S = (s_1, s_2, \cdots, s_n) \quad (9.7)$$

$$\lambda_{\max} = \sum_{i=1}^{n} s_i m_i \quad (9.8)$$

$$I_c = \frac{\lambda_{\max} - n}{n - 1} \quad (9.9)$$

$$R_C = \frac{I_C}{I_R} \tag{9.10}$$

式中：n——评价指标个数；

$\lambda_{\max}$——判断矩阵 D 的最大特征根；

I_C——一致性指标值；

I_R——平均随机一致性指标值；

R_C——一致性比率。

当一致性比率 $R_C<0.1$ 时，具有满意的一致性，否则需要对两两比较的取值进行修正，直至满意为止。平均随机一致性指标 I_R 的取值见表 9—2。

表 9—2　平均随机一致性指标 I_R 的取值

n	I_R	n	I_R
1	0	6	1.24
2	0	7	1.32
3	0.58	8	1.41
4	0.9	9	1.45
5	1.12	10	1.49

将各项指标所得分数乘以其权重就可以得到创新创业教育主观综合评价指标 Z，计算方式如下：

$$Z = \sum_{i=1}^{n} x_i m_i \tag{9.11}$$

式中：Z——创新创业教育主观综合评价指标；

n——评价指标个数；

x_i——老化性能评价指标值；

m_i——老化性能评价指标的权重值。

在重要程度排序中，创新创业活跃度＞创新创业成功率＞毕业四年创新创业率＞实践平台＞师资配置＞教学质量＞帮扶指导＞满意度＞成功创业程度＞实践转化程度＞能力自评＞接受教育程度＞模拟萌芽程度＞参与度＞转变度，高校、学生维度所得创新创业教育主观值见表 9—3、表 9—4。

表 9-3 创新创业教育高校指标主观值

评委编号	分数	评委编号	分数
1	90	6	94
2	90	7	92
3	95	8	94
4	99	9	95
5	92	10	91

表 9-4 创新创业教育学生指标主观值

评委编号	分数	评委编号	分数
1	92	6	100
2	89	7	98
3	95	8	96
4	90	9	97
5	98	10	96

将高校 8 个评价指标所得主观评价指标值乘以 0.5，加上学生 7 个评价指标所得主观评价指标值乘以 0.5，可以得出社会主义核心价值观下大学生创新创业教育主观综合评价指标值，见表 9-5。

表 9-5 创新创业教育主观综合评价指标

编号	Z	编号	Z
1	91	6	97
2	89.5	7	95
3	95	8	95
4	94.5	9	96
5	95	10	93.5

（二）熵值法建立客观评价体系

熵值法是将各项指标作标准化处理，计算各自的信息熵值，分析各项指标的变化，利用信息熵计算出指标权重，再计算出差异性系数以及定义权数，得出综合评价系数。熵值法相较于层次分析法更加客观准确,避免了人为确定指标重要性因素带来的偏差。

1. 标准化原始矩阵。设评价指标有 m 个,老化性能评价对象有 n 个,构成原始数据矩阵,矩阵标准化处理见公式(9.12):

$$Y = (y_{ij})_{m \times n} = \begin{bmatrix} y_{11} & y_{12} & y_{13} & \cdots & y_{1n} \\ y_{21} & y_{22} & y_{23} & \cdots & y_{2n} \\ y_{31} & y_{32} & y_{33} & \cdots & y_{3n} \\ \vdots & \vdots & \vdots & & \vdots \\ y_{m1} & y_{m2} & y_{m3} & \cdots & y_{mn} \end{bmatrix} \quad (9.12)$$

式中:y_{ij} 需要满足($0 \leqslant y_{ij} \leqslant 1$),表示为第 j 个评价对象在第 i 个指标上的标准值。

2. 同度量化指标,按照公式(9.13)计算第 j 个评价对象在第 i 个评价指标中所占比重 g_{ij}:

$$g_{ij} = \frac{y_{ij}}{\sum_{j=1}^{n} y_{ij}} \quad (9.13)$$

3. 各老化性能评价指标的熵值 e_i 计算:

$$e_i = -k \sum_{j=1}^{n} g_{ij} ln g_{ij} (1 \leqslant i \leqslant m, 0 \leqslant e_i \leqslant 1) \quad (9.14)$$

$$k = \frac{1}{lnn} \quad (9.15)$$

式中:e_i——熵值;

g_{ij}——量化指标;

n——评价对象。

4. 计算第 i 项评价指标的差异系数 h_i。当 i 一定时,y_{ij} 的差异性越小,e_i 越大;当 y_{ij} 全部相等时,$e_i = e_{max} = 1$,这对权重的确定毫无作用,因此,指标差异值越大,对对象的评价作用越大,熵值就越小,因此 h_i 越大指标越重要:

$$h_i = 1 - e_i \quad (9.16)$$

5. 确定老化性能评价指标权重 p_i。采用以下公式计算各项评价指标的权重:

$$p_i = \frac{h_i}{\sum_{i=1}^{m} h_i} \quad (9.16)$$

式中：$0 \leqslant p_i \leqslant 1, \sum_{i=1}^{m} p_i = 1$。

6. 通过权重分配后所得创新创业客观综合评价指标 W，计算公式见（9.17）：

$$W = \sum_{i=1}^{m} p_i y_{ij} \qquad (9.17)$$

式中：W——创新创业客观综合评价指标；

m——评价指标个数；

y_{ij}——评价指标值；

p_i——评价指标的权重值。

高校、学生维度所得创新创业教育客观值见表9—6、表9—7。

表9—6 创新创业教育高校指标主观值

评委编号	分数	评委编号	分数
1	93	6	91
2	97	7	93
3	95	8	92
4	98	9	93
5	90	10	89

表9—7 创新创业教育学生指标主观值

评委编号	分数	评委编号	分数
1	90	6	100
2	90	7	99
3	91	8	95
4	92	9	98
5	99	10	95

将高校8个评价指标所得主观评价指标值乘以0.5，学生7个评价指标所得主观评价指标值乘以0.5，二者相加，可以得出社会主义核心价值观下大学生创新创业教育主观综合评价指标值。

第九章 社会主义核心价值观融入大学生创新创业教育的评价机制

表 9-8 创新创业教育主观综合评价指标

编号	Z	编号	Z
1	91.5	6	95.5
2	93.5	7	96
3	93	8	93.5
4	95	9	95.5
5	94.5	10	92

将层次分析法所得主观值与熵值法所得客观值相加，除以 2，可以得到创新创业教育综合评价值，见表 9-9。

表 9-9 创新创业教育综合评价值

编号	Z	编号	Z
1	91.25	6	96.25
2	91.5	7	95.5
3	94	8	94.25
4	94.75	9	95.75
5	94.75	10	92.75

将综合评价值求取平均数可以得到社会主义核心价值观下的大学生创新创业教育评价机制的最终值，本次评价值为 94.1。

当然，这种社会主义核心价值观融入大学生创新创业教育的评价机制尚有许多不足之处，例如进行评价的数量较少，可能存在片面化和相对主观化，但是可以通过熵值法中的权重分配来增加其科学性。我们可以看出各项指标所占的权重，并且通过持续改进，有针对性地完善教育硬件和软件，打造更加适合本校学生以及体现本校特色的社会主义核心价值观下的大学生创新创业教育。

附录1 社会主义核心价值观融入大学生创新创业教育现状调查问卷

亲爱的同学：

你好！为真实了解社会主义核心价值观融入高校创业教育现状，以利于更好地完善高校社会主义核心价值观教育及创业教育，我们开展此项调查活动。你的意见和建议仅供研究之用，望你仔细阅读并提宝贵意见。感谢你的参与和配合！

《社会主义核心价值观融入大学生创新创业教育》课题组

2019年11月

你的基本情况：

1. 你的性别（   ）

    A. 你　　　　　　B. 女

2. 你所在的学校（   ）

    A. 一流大学或一流学科建设高校

    B. 其他公办本科高校

    C. 高职高专院校

    D. 民办本科高校（含独立学院）

3. 你所学的专业（   ）

    A. 理工类　　　　B. 人文类　　　　C. 艺术体育类

    D. 其他

4. 你的年级是（   ）

    A. 大一、大二　　B. 大三、大四　　C. 研究生

请在下列各题中选出以下你认为最符合的选项，除特别说明外，每

附录1　社会主义核心价值观融入大学生创新创业教育现状调查问卷

题只选一项。

1—5题为大学生对学校创新创业教育开展情况的认知与评价；

6—9题为大学生对从事创新创业活动的态度和观念；

10—12题为大学生对社会主义核心价值观的了解和认可；

13—17题为大学生对于将社会主义核心价值观融入大学生创新创业教育的看法。

1. 你所在的大学有开展大学生创新创业教育活动吗？（　　）
   A. 经常　　　　B. 偶尔　　　　C. 很少　　　　D. 没有听说过

2. 你所在的大学通常以什么样的方式开展大学生创新创业教育活动？（　　）可多选
   A. 授课　　　　　　　　　　B. 组织比赛
   C. 校外学习　　　　　　　　D. 创新创业训练实践
   E. 邀请创业者、企业家分享　F. 其他类型
   E. 从来没有

3. 你所在的学校开设创新创业培训课程的情况是（　　）
   A. 面向全体学生开设　　　　B. 只对毕业班学生开设
   C. 只开设了选修课程　　　　D. 没有开设　　E. 不清楚

4. 你对学校开展的大学生创新创业教育的评价是（　　）
   A. 非常满意　　B. 比较满意　　C. 一般满意　　D. 不太满意
   E. 非常不满意

5. 你对于参与创新创业学习实践的态度是（　　）
   A. 很有必要　　　　　　　　B. 在保证学业的情况下可以做
   C. 无所谓　　　　　　　　　D. 影响学业，不赞成

6. 你对高校开展创业教育的态度是（　　）
   A. 应该针对全体学生

B. 只需要针对有创新创业想法的同学进行

C. 可以开设选修课，让同学自由选择

D. 无所谓，有安排我就去上课

E. 没有必要，学生应该把精力投入在学习中

7. 在你心目中成功的创新创业者最重要的标志是（　　）可多选

A. 拥有一定的社会地位　　　B. 能成功拥有一定的财富

C. 能创造一定的社会价值　　D. 其他（请填写）

8. 你认为你身边同学去创业的主要目的是（　　）可多选

A. 解决就业问题　　　　　　B. 改善自身生活条件

C. 自己做老板，不受束缚　　D. 创造社会价值

E. 实现个人梦想　　　　　　F. 看到别人在做，跟风去做

G. 响应国家号召　　　　　　H. 逃避学习压力

9. 如果你创业，你认为最大的障碍是（　　）可多选

A. 无社会关系　　　　　　　B. 社会经验尚浅

C. 资金不足　　　　　　　　D. 家人反对

E. 面对失败的承受能力不足　F. 缺乏好项目

G. 没有他人指导　　　　　　H. 其他（请填写）

10. 你了解社会主义核心价值观吗？（　　）

A. 非常了解　　B. 有所耳闻　　C. 不知道

11. 你认为社会主义核心价值观对你的学习、生活具有指导意义吗？（　　）

A. 有很大的教育、指导意义　　B. 有一定的意义

C. 完全没有意义

12. 你所在的学校开展创新创业教育活动过程中，是否进行过思想层面的引导？（　　）

A. 经常有　　　B. 偶尔有　　　C. 几乎没有

13. 你觉得你所在的学校在大学生创新创业教育中融入社会主义核心价值观的内容做得如何？（　　）
    A. 结合得非常好，自己受益颇深　　B. 有所体现，但还有待加强
    C. 几乎没有，没有什么感觉　　　　D. 不清楚

14. 你觉得将社会主义核心价值观融入大学生创新创业教育是否有必要？（　　）
    A. 有必要　　B. 没必要　　C. 无所谓　　D. 不知道

15. 你觉得在大学生创新创业教育中融入社会主义核心价值观教育对你的帮助主要有（　　）可多选
    A. 培育自己创新创业精神及创新创业意识
    B. 帮助自己更好地理解社会主义核心价值观的内涵
    C. 帮助自己形成正确的创新创业价值观
    D. 帮助自己形成良好的道德规范
    E. 激发自己的创业动力

16. 你所在学校的创新创业教育中的社会主义核心价值观由下列哪些老师承担？（　　）可多选
    A. 学校专职创业德育老师　　B. 辅导员
    C. 创新创业培训课程老师　　D. 思政课老师
    E. 专业课老师　　　　　　　F. 外聘企业家

17. 你觉得在学校开展的创新创业教育及其活动中，能让你感受到思想道德的培育的活动有（　　）可多选
    A. 学校创新创业培训课　　　B. 校园创新创业实践活动
    C. 大学生创新创业竞赛　　　D. 校外校企创新创业实习活动
    E. 创新创业专题科研立项活动　F. 创新创业专题演讲
    G. 其他（请填写）

18. 你认为将社会主义核心价值观融入大学生创新创业教育的有效途径主要有（　　）可多选

  A. 将社会主义核心价值观融入大学生创新创业课程中

  B. 将社会主义核心价值观融入校园学生创新创业实践活动中

  C. 将社会主义核心价值观融入校企合作创新创业实习活动中

  D. 建设有较强思想政治素质的优秀创新创业导师库

  E. 依托于高校"大思政"育人格局，建立大学生创新创业教育平台

  F. 其他（请填写）

附录2　社会主义核心价值观融入大学生创新创业教育访谈提纲

一、访谈对象

高校负责创新创业工作的领导、大学生创新创业中心工作人员、创新创业课程教师、辅导员、校外创业导师、大学生创新创业者、高校在校生。

二、访谈方式

1. 面谈。
2. 书信（包含电子邮件等）访谈。

三、主要访谈内容

1. 你所在学校或院系学生创新创业意愿如何？大学生创新创业活动开展情况怎么样？

2. 你对大学生创新创业教育是如何理解？你所在院系开展大学生创新创业教育了吗？若开展了，你认为目前贵校或者你所在院系开展的大学生创新创业教育怎么样？

3. 你觉得开展高校创新创业教育形式和载体有哪些？其效果如何？

大学生创新创业教育的传授主要是由哪些老师负责，有多少老师取得了创新创业导师资格证书？

4. 你是怎么理解将社会主义核心价值观融入大学生创新创业教育的？对此您有什么看法和建议？

5. 目前来讲，你所在的高校是否重视创新创业教育中学生的思想政治问题？存在哪些问题？你认为当前有哪些对策可应对这些问题？

6. 你觉得社会主义核心价值观融入大学生创新创业教育的途径和方法有哪些？

7. 你对社会主义核心价值观融入大学生创新创业教育这个话题还有什么要补充的吗？

附录3 《关于培育和践行社会主义核心价值观的意见》

社会主义核心价值观是社会主义核心价值体系的内核,体现社会主义核心价值体系的根本性质和基本特征,反映社会主义核心价值体系的丰富内涵和实践要求,是社会主义核心价值体系的高度凝练和集中表达。为深入贯彻落实党的十八大和十八届三中全会精神,积极培育和践行社会主义核心价值观,现提出如下意见。

一、培育和践行社会主义核心价值观的重要意义和指导思想

(一)培育和践行社会主义核心价值观,是推进中国特色社会主义伟大事业、实现中华民族伟大复兴中国梦的战略任务。党的十八大提出,倡导富强、民主、文明、和谐,倡导自由、平等、公正、法治,倡导爱国、敬业、诚信、友善,积极培育和践行社会主义核心价值观。这与中国特色社会主义发展要求相契合,与中华优秀传统文化和人类文明优秀成果相承接,是我们党凝聚全党全社会价值共识作出的重要论断。富强、民主、文明、和谐是国家层面的价值目标,自由、平等、公正、法治是社会层面的价值取向,爱国、敬业、诚信、友善是公民个人层面的价值准则,这 24 个字是社会主义核心价值观的基本内容,为培育和践行社会主义核心价值观提供了基本遵循。面对世界范围思想文化交流交融交锋形势下价值观较量的新态势,面对改革开放和发展社会主义市场经济条件下思想意识多元多样多变的新特点,积极培育和践行社会主义核心价值观,对于巩固马克思主义在意识形态领域的指导地位、巩固全党全国人民团结奋斗的共同思想基础,对于促进人的全面发展、引领

社会全面进步，对于集聚全面建成小康社会、实现中华民族伟大复兴中国梦的强大正能量，具有重要现实意义和深远历史意义。

（二）培育和践行社会主义核心价值观的指导思想是：高举中国特色社会主义伟大旗帜，以邓小平理论、"三个代表"重要思想、科学发展观为指导，深入学习贯彻党的十八大精神和习近平同志系列讲话精神，紧紧围绕坚持和发展中国特色社会主义这一主题，紧紧围绕实现中华民族伟大复兴中国梦这一目标，紧紧围绕"三个倡导"这一基本内容，注重宣传教育、示范引领、实践养成相统一，注重政策保障、制度规范、法律约束相衔接，使社会主义核心价值观融入人们生产生活和精神世界，激励全体人民为夺取中国特色社会主义新胜利而不懈奋斗。

（三）培育和践行社会主义核心价值观要坚持以下原则：坚持以人为本，尊重群众主体地位，关注人们利益诉求和价值愿望，促进人的全面发展；坚持以理想信念为核心，抓住世界观、人生观、价值观这个总开关，在全社会牢固树立中国特色社会主义共同理想，着力铸牢人们的精神支柱；坚持联系实际，区分层次和对象，加强分类指导，找准与人们思想的共鸣点、与群众利益的交汇点，做到贴近性、对象化、接地气；坚持改进创新，善于运用群众喜闻乐见的方式，搭建群众便于参与的平台，开辟群众乐于参与的渠道，积极推进理念创新、手段创新和基层工作创新，增强工作的吸引力感染力。

二、把培育和践行社会主义核心价值观融入国民教育全过程

（四）培育和践行社会主义核心价值观要从小抓起、从学校抓起。坚持育人为本、德育为先，围绕立德树人的根本任务，把社会主义核心价值观纳入国民教育总体规划，贯穿于基础教育、高等教育、职业技术教育、成人教育各领域，落实到教育教学和管理服务各环节，覆盖到所有学校和受教育者，形成课堂教学、社会实践、校园文化多位一体的育人平台，不断完善中华优秀传统文化教育，形成爱学习、爱劳动、爱祖国活动的有效形式和长效机制，努力培养德智体美全面发展的社会主义建设者和接班人。适应青少年身心特点和成长规律，深化未成年人思想道德建设和大学生思想政治教育，构建大中小学有效衔接的德育课程体

系和教材体系，创新中小学德育课和高校思想政治理论课教育教学，推动社会主义核心价值观进教材、进课堂、进学生头脑。完善学校、家庭、社会三结合的教育网络，引导广大家庭和社会各方面主动配合学校教育，以良好的家庭氛围和社会风气巩固学校教育成果，形成家庭、社会与学校携手育人的强大合力。

（五）拓展青少年培育和践行社会主义核心价值观的有效途径。注重发挥社会实践的养成作用，完善实践教育教学体系，开发实践课程和活动课程，加强实践育人基地建设，打造大学生校外实践教育基地、高职实训基地、青少年社会实践活动基地，组织青少年参加力所能及的生产劳动和爱心公益活动、益德益智的科研发明和创新创造活动、形式多样的志愿服务和勤工俭学活动。注重发挥校园文化的熏陶作用，加强学校报刊、广播电视、网络建设，完善校园文化活动设施，重视校园人文环境培育和周边环境整治，建设体现社会主义特点、时代特征、学校特色的校园文化。

（六）建设师德高尚、业务精湛的高素质教师队伍。实施师德师风建设工程，坚持师德为上，完善教师职业道德规范，健全教师任职资格准入制度，将师德表现作为教师考核、聘任和评价的首要内容，形成师德师风建设长效机制。着重抓好学校党政干部和共青团干部，思想品德课、思想政治理论课和哲学社会科学课教师，辅导员和班主任队伍建设。引导广大教师自觉增强教书育人的荣誉感和责任感，学为人师、行为世范，做学生健康成长的指导者和引路人。

三、把培育和践行社会主义核心价值观落实到经济发展实践和社会治理中

（七）确立经济发展目标和发展规划，出台经济社会政策和重大改革措施，开展各项生产经营活动，要遵循社会主义核心价值观要求，做到讲社会责任、讲社会效益，讲守法经营、讲公平竞争、讲诚信守约，形成有利于弘扬社会主义核心价值观的良好政策导向、利益机制和社会环境。与人们生产生活和现实利益密切相关的具体政策措施，要注重经济行为和价值导向有机统一，经济效益和社会效益有机统一，实现市场

经济和道德建设良性互动。建立完善相应的政策评估和纠偏机制，防止出现具体政策措施与社会主义核心价值观相背离的现象。

（八）法律法规是推广社会主流价值的重要保证。要把社会主义核心价值观贯彻到依法治国、依法执政、依法行政实践中，落实到立法、执法、司法、普法和依法治理各个方面，用法律的权威来增强人们培育和践行社会主义核心价值观的自觉性。厉行法治，严格执法，公正司法，捍卫宪法和法律尊严，维护社会公平正义。加强法制宣传教育，培育社会主义法治文化，弘扬社会主义法治精神，增强全社会学法尊法守法用法意识。注重把社会主义核心价值观相关要求上升为具体法律规定，充分发挥法律的规范、引导、保障、促进作用，形成有利于培育和践行社会主义核心价值观的良好法治环境。

（九）要把践行社会主义核心价值观作为社会治理的重要内容，融入制度建设和治理工作中，形成科学有效的诉求表达机制、利益协调机制、矛盾调处机制、权益保障机制，最大限度增进社会和谐。创新社会治理，完善激励机制，褒奖善行义举，实现治理效能与道德提升相互促进，形成好人好报、恩将德报的正向效应。完善市民公约、村规民约、学生守则、行业规范，强化规章制度实施力度，在日常治理中鲜明彰显社会主流价值，使正确行为得到鼓励、错误行为受到谴责。

四、加强社会主义核心价值观宣传教育

（十）用社会主义核心价值观引领社会思潮、凝聚社会共识。深入开展中国特色社会主义和中国梦宣传教育，不断增强人们的道路自信、理论自信、制度自信，坚定全社会全面深化改革的意志和决心。把社会主义核心价值观学习教育纳入各级党委（党组）中心组学习计划，纳入各级党委讲师团经常性宣讲内容。深入研究社会主义核心价值观的理论和实际问题，深刻解读社会主义核心价值观的丰富内涵和实践要求，为实践发展提供学理支撑。深入推进马克思主义理论研究和建设工程，发挥国家社科基金的导向带动作用，推出更多有分量有价值的研究成果。加强社会思潮动态分析，强化社会热点难点问题的正面引导，在尊重差异中扩大社会认同，在包容多样中形成思想共识。严格社团、讲座、论

坛、研讨会、报告会的管理。

（十一）新闻媒体要发挥传播社会主流价值的主渠道作用。坚持团结稳定鼓劲、正面宣传为主，牢牢把握正确舆论导向，把社会主义核心价值观贯穿到日常形势宣传、成就宣传、主题宣传、典型宣传、热点引导和舆论监督中，弘扬主旋律，传播正能量，不断巩固壮大积极健康向上的主流思想舆论。党报党刊、通讯社、电台电视台要拿出重要版面时段、推出专栏专题，出版社要推出专项出版，运用新闻报道、言论评论、访谈节目、专题节目和各类出版物等形式传播社会主义核心价值观。都市类、行业类媒体要增强传播主流价值的社会责任，积极发挥自身优势，适应分众化特点，多联系群众身边事例，多运用大众化语言，在生动活泼的宣传报道中引导人们培育和践行社会主义核心价值观。强化传播媒介管理，不为错误观点提供传播渠道。新闻出版单位和从业人员要强化行业自律，切实增强传播社会主义核心价值观的责任意识和能力，将个人道德修养作为从业资格考评重要内容。

（十二）建设社会主义核心价值观的网上传播阵地。适应互联网快速发展形势，善于运用网络传播规律，把社会主义核心价值观体现到网络宣传、网络文化、网络服务中，用正面声音和先进文化占领网络阵地。做大做强重点新闻网站，发挥主要商业网站建设性作用，形成良好的网上舆论环境，集聚网上舆论引导合力。做好重大信息网上发布，回应网民关切，主动有效进行网上引导。推动中华优秀传统文化和当代文化精品网络化传播，创作适于新兴媒体传播、格调健康的网络文化作品。依法加强网络社会管理，加强对网络新技术新应用的管理，推进网络法制建设，规范网上信息传播秩序，整治网络淫秽色情和低俗信息，打击网络谣言和违法犯罪，使网络空间清朗起来。

（十三）发挥精神文化产品育人化人的重要功能。一切文化产品、文化服务和文化活动，都要弘扬社会主义核心价值观，传递积极人生追求、高尚思想境界和健康生活情趣。提升文化产品的思想品格和艺术品位，用思想性艺术性观赏性相统一的优秀作品，弘扬真善美，贬斥假恶丑。加强对新型文化业态、文化样式的引导，让不同类型文化产品都成为弘扬社会主流价值的生动载体。加大对优秀文化产品的推广力度，开展优秀文化产品展演展映展播活动、经典作品阅读观看活动。完善文产品评价体系，坚持文艺评论评奖的正确价值取向。完善公共文化服务体系，提供均等优质的文化产品，开展多姿多彩的文化活动，丰富群众精神文化生活。

五、开展涵养社会主义核心价值观的实践活动

（十四）广泛开展道德实践活动。以诚信建设为重点，加强社会公德、职业道德、家庭美德、个人品德教育，形成修身律己、崇德向善、礼让宽容的道德风尚。大力宣传先进典型，评选表彰道德模范，形成学习先进、争当先进的浓厚风气。在国家博物馆设立英模陈列馆。深化公民道德宣传日活动，组织道德论坛、道德讲堂、道德修身等活动。加强政务诚信、商务诚信、社会诚信和司法公信建设，开展道德领域突出问题专项教育和治理，完善企业和个人信用记录，健全覆盖全社会的征信系统，加大对失信行为的约束和惩戒力度，在全社会广泛形成守信光荣、失信可耻的氛围。把开展道德实践活动与培育廉洁价值理念相结合，营造崇尚廉洁、鄙弃贪腐的良好社会风尚。

（十五）深化学雷锋志愿服务活动。大力弘扬雷锋精神，广泛开展形式多样的学雷锋实践活动，采取措施推动学雷锋活动常态化。以城乡社区为重点，以相互关爱、服务社会为主题，围绕扶贫济困、应急救援、大型活动、环境保护等方面，围绕空巢老人、留守妇女儿童、困难职工、残疾人等群体，组织开展各类形式的志愿服务活动，形成我为人人、人人为我的社会风气。把学雷锋和志愿服务结合起来，建立健全志愿服务制度，完善激励机制和政策法规保障机制，把学雷锋志愿服务活动做到基层、做到社区、做进家庭。

（十六）深化群众性精神文明创建活动。各类精神文明创建活动要在突出社会主义核心价值观的思想内涵上求实效。推进文明城市、文明村镇、文明单位、文明家庭等创建活动，开展全民阅读活动，不断提升公民文明素质和社会文明程度。广泛开展美丽中国建设宣传教育。开展礼节礼仪教育，在重要场所和重要活动中升挂国旗、奏唱国歌，在学校开学、学生毕业时举行庄重简朴的典礼，完善重大灾难哀悼纪念活动，使礼节礼仪成为培育社会主流价值的重要方式。加强对公民文明旅游的

宣传教育、规范约束和社会监督，增强公民旅游的文明意识。

（十七）发挥优秀传统文化怡情养志、涵育文明的重要作用。中华优秀传统文化积淀着中华民族最深沉的精神追求，包含着中华民族最根本的精神基因，代表着中华民族独特的精神标识，是中华民族生生不息、发展壮大的丰厚滋养。建设优秀传统文化传承体系，加大文物保护和非物质文化遗产保护力度，加强对优秀传统文化思想价值的挖掘，梳理和萃取中华文化中的思想精华，作出通俗易懂的当代表达，赋予新的时代内涵，使之与中国特色社会主义相适应，让优秀传统文化在新的时代条件下不断发扬光大。重视民族传统节日的思想熏陶和文化教育功能，丰富民族传统节日的文化内涵，开展优秀传统文化教育普及活动，培育特色鲜明、气氛浓郁的节日文化。增加国民教育中优秀传统文化课程内容，分阶段有序推进学校优秀传统文化教育。开展移风易俗，创新民俗文化样式，形成与历史文化传统相承接、与时代发展相一致的新民俗。

（十八）发挥重要节庆日传播社会主流价值的独特优势。开展革命传统教育，加强对革命传统文化时代价值的阐发，发扬党领导人民在革命、建设、改革中形成的优良传统，弘扬民族精神和时代精神。挖掘各种重要节庆日、纪念日蕴藏的丰富教育资源，利用五四、七一、八一、十一等政治性节日，三八、五一、六一等国际性节日，党史国史上重大事件、重要人物纪念日等，举办庄严庄重、内涵丰富的群众性庆祝和纪念活动。利用党和国家成功举办大事、妥善应对难事的时机，因势利导地开展各类教育活动。加强爱国主义教育基地建设，形成实体展馆与网上展馆相结合、涵盖各个历史时期的爱国主义教育基地体系。推进公共博物馆、纪念馆、爱国主义教育基地和文化馆、图书馆、美术馆、科技馆等免费开放，积极发展红色旅游。

（十九）运用公益广告传播社会主流价值、引领文明风尚。围绕社会主义核心价值观，加强公益广告的选题规划和内容创意，形成公益广告传播先进文化、传扬新风正气的强大声势。加大公益广告刊播力度，广播电视、报纸期刊要拿出黄金时段、重要版面和显著位置，持续刊播公益广告。互联网和手机媒体要发挥传输快捷、覆盖广泛的优势，运用多种方式扩大公益广告的影响力。社会公共场所、公共交通工具要在适当位置悬挂张贴公益广告。各类公益广告要注重导向鲜明、富有内涵、引人向上,注重形式多样、品位高雅、创意新颖,体现时代感厚重感,增强传播力感染力。

六、加强对培育和践行社会主义核心价值观的组织领导

(二十)各级党委和政府要充分认识培育和践行社会主义核心价值观的重要性,把这项任务摆上重要位置,把握方向,制定政策,营造环境,切实负起政治责任和领导责任。把社会主义核心价值观要求体现到经济建设、政治建设、文化建设、社会建设、生态文明建设和党的建设各领域,推动培育和践行社会主义核心价值观同实际工作融为一体、相互促进。建立健全培育和践行社会主义核心价值观的领导体制和工作机制,加强统筹协调,加强组织实施,加强督促落实,提高工作科学化水平。党的基层组织要在推动社会主义核心价值观培育和践行方面,发挥政治核心作用和战斗堡垒作用,筑牢社会和谐的精神纽带,打牢党执政的思想基础。

(二十一)党员、干部要做培育和践行社会主义核心价值观的模范。党员、干部特别是领导干部要在培育和践行社会主义核心价值观方面带好头,以身作则、率先垂范,讲党性、重品行、作表率,为民、务实、清廉,以人格力量感召群众、引领风尚。加强理想信念教育,引导党员、干部着力增强走中国特色社会主义道路、为党和人民事业不懈奋斗的自觉性和坚定性,做共产主义远大理想和中国特色社会主义共同理想的坚定信仰者。加强党性教育,引导党员、干部贯彻党的群众路线,弘扬党的优良传统和作风,以优良党风促政风带民风。加强道德建设,引导党员、干部始终保持高洁生活情趣,坚守共产党人精神追求。

(二十二)培育和践行社会主义核心价值观是全社会的共同责任。坚持全党动手、全社会参与,把培育和践行社会主义核心价值观同各领域的行政管理、行业管理和社会管理结合起来,形成齐抓共管的工作格局。党政各部门,工会、共青团、妇联等人民团体,要在党委统一领导下,加强沟通、密切配合,形成共同推进社会主义核心价值观培育和践行的良好局面。各地区各部门各单位要制定实施方案,落实工作责任

制，明确任务分工，完善工作措施。重视发挥民主党派和工商联的重要作用，支持民主党派和工商联开展培育和践行社会主义核心价值观的各项工作。加强同知识界的联系，引导知识分子用正确观点阐释和传播社会主义核心价值观。党委宣传部门要切实担负起组织指导、协调推进的重要职责，积极会同有关部门采取有力措施，推动各项任务落到实处。

（二十三）把培育和践行社会主义核心价值观的任务落实到基层。城乡基层是培育和践行社会主流价值的重要依托，农村、企业、社区、机关、学校等基层单位要重视社会主义核心价值观的培育和践行，使之融入基层党组织建设、基层政权建设中，融入城乡居民自治中，融入人们生产生活和工作学习中，努力实现全覆盖，推动社会主义核心价值观不断转化为社会群体意识和人们自觉行动。充分发挥工人、农民、知识分子的主力军作用，发挥党员、干部的模范带头作用，发挥青少年的生力军作用，发挥社会公众人物的示范作用，发挥非公有制经济组织和新社会组织从业人员的积极作用，形成人人践行社会主义核心价值观的生动景象。

中共中央办公厅
2013 年 12 月 23 日

附录4 《关于深化高等学校创新创业教育改革的实施意见》

国办发〔2015〕36号

各省、自治区、直辖市人民政府,国务院各部委、各直属机构:

深化高等学校创新创业教育改革,是国家实施创新驱动发展战略、促进经济提质增效升级的迫切需要,是推进高等教育综合改革、促进高校毕业生更高质量创业就业的重要举措。党的十八大对创新创业人才培养作出重要部署,国务院对加强创新创业教育提出明确要求。近年来,高校创新创业教育不断加强,取得了积极进展,对提高高等教育质量、促进学生全面发展、推动毕业生创业就业、服务国家现代化建设发挥了重要作用。但也存在一些不容忽视的突出问题,主要是一些地方和高校重视不够,创新创业教育理念滞后,与专业教育结合不紧,与实践脱节;教师开展创新创业教育的意识和能力欠缺,教学方式方法单一,针对性实效性不强;实践平台短缺,指导帮扶不到位,创新创业教育体系亟待健全。为了进一步推动大众创业、万众创新,经国务院同意,现就深化高校创新创业教育改革提出如下实施意见。

一、总体要求

(一)指导思想。

全面贯彻党的教育方针,落实立德树人根本任务,坚持创新引领创业、创业带动就业,主动适应经济发展新常态,以推进素质教育为主题,以提高人才培养质量为核心,以创新人才培养机制为重点,以完善条件和政策保障为支撑，促进高等教育与科技、经济、社会紧密结合，加快培养规模宏大、富有创新精神、勇于投身实践的创新创业人才队伍，不断提高高等教育对稳增长促改革调结构惠民生的贡献度，为建设创新型国家、实现"两个一百年"奋斗目标和中华民族伟大复兴的中国梦提供强大的人才智力支撑。

（二）基本原则。

坚持育人为本，提高培养质量。把深化高校创新创业教育改革作为推进高等教育综合改革的突破口，树立先进的创新创业教育理念，面向全体、分类施教、结合专业、强化实践，促进学生全面发展，提升人力资本素质，努力造就大众创业、万众创新的生力军。

坚持问题导向，补齐培养短板。把解决高校创新创业教育存在的突出问题作为深化高校创新创业教育改革的着力点，融入人才培养体系，丰富课程、创新教法、强化师资、改进帮扶，推进教学、科研、实践紧密结合，突破人才培养薄弱环节，增强学生的创新精神、创业意识和创新创业能力。

坚持协同推进，汇聚培养合力。把完善高校创新创业教育体制机制作为深化高校创新创业教育改革的支撑点，集聚创新创业教育要素与资源，统一领导、齐抓共管、开放合作、全员参与，形成全社会关心支持创新创业教育和学生创新创业的良好生态环境。

（三）总体目标。

2015年起全面深化高校创新创业教育改革。2017年取得重要进展，形成科学先进、广泛认同、具有中国特色的创新创业教育理念，形成一批可复制可推广的制度成果，普及创新创业教育，实现新一轮大学生创业引领计划预期目标。到2020年建立健全课堂教学、自主学习、结合实践、指导帮扶、文化引领融为一体的高校创新创业教育体系，人才培养质量显著提升，学生的创新精神、创业意识和创新创业能力明显增强，投身创业实践的学生显著增加。

二、主要任务和措施

（一）完善人才培养质量标准。

制订实施本科专业类教学质量国家标准，修订实施高职高专专业教学标准和博士、硕士学位基本要求，明确本科、高职高专、研究生创新创业教育目标要求，使创新精神、创业意识和创新创业能力成为评价人才培养质量的重要指标。相关部门、科研院所、行业企业要制修订专业人才评价标准，细化创新创业素质能力要求。不同层次、类型、区域高校要结合办学定位、服务面向和创新创业教育目标要求，制订专业教学质量标准，修订人才培养方案。

（二）创新人才培养机制。

实施高校毕业生就业和重点产业人才供需年度报告制度，完善学科专业预警、退出管理办法，探索建立需求导向的学科专业结构和创业就业导向的人才培养类型结构调整新机制，促进人才培养与经济社会发展、创业就业需求紧密对接。深入实施系列"卓越计划"、科教结合协同育人行动计划等，多形式举办创新创业教育实验班，探索建立校校、校企、校地、校所以及国际合作的协同育人新机制，积极吸引社会资源和国外优质教育资源投入创新创业人才培养。高校要打通一级学科或专业类下相近学科专业的基础课程，开设跨学科专业的交叉课程，探索建立跨院系、跨学科、跨专业交叉培养创新创业人才的新机制，促进人才培养由学科专业单一型向多学科融合型转变。

（三）健全创新创业教育课程体系。

各高校要根据人才培养定位和创新创业教育目标要求，促进专业教育与创新创业教育有机融合，调整专业课程设置，挖掘和充实各类专业课程的创新创业教育资源，在传授专业知识过程中加强创新创业教育。面向全体学生开发开设研究方法、学科前沿、创业基础、就业创业指导等方面的必修课和选修课，纳入学分管理，建设依次递进、有机衔接、科学合理的创新创业教育专门课程群。各地区、各高校要加快创新创业教育优质课程信息化建设，推出一批资源共享的慕课、视频公开课等在线开放课程。建立在线开放课程学习认证和学分认定制度。组织学科带头人、行业企业优秀人才，联合编写具有科学性、先进性、适用性的创新创业教育重点教材。

（四）改革教学方法和考核方式。

各高校要广泛开展启发式、讨论式、参与式教学，扩大小班化教学覆盖面，推动教师把国际前沿学术发展、最新研究成果和实践经验融入课堂教学，注重培养学生的批判性和创造性思维，激发创新创业灵感。运用大数据技术，掌握不同学生学习需求和规律，为学生自主学习提供更加丰富多样的教育资源。改革考试考核内容和方式，注重考查学生运用知识分析、解决问题的能力，探索非标准答案考试，破除"高分低能"积弊。

（五）强化创新创业实践。

各高校要加强专业实验室、虚拟仿真实验室、创业实验室和训练中心建设，促进实验教学平台共享。各地区、各高校科技创新资源原则上向全体在校学生开放，开放情况纳入各类研究基地、重点实验室、科技园评估标准。鼓励各地区、各高校充分利用各种资源建设大学科技园、大学生创业园、创业孵化基地和小微企业创业基地，作为创业教育实践平台，建好一批大学生校外实践教育基地、创业示范基地、科技创业实习基地和职业院校实训基地。完善国家、地方、高校三级创新创业实训教学体系，深入实施大学生创新创业训练计划，扩大覆盖面，促进项目落地转化。举办全国大学生创新创业大赛，办好全国职业院校技能大赛，支持举办各类科技创新、创意设计、创业计划等专题竞赛。支持高校学生成立创新创业协会、创业俱乐部等社团，举办创新创业讲座论坛，开展创新创业实践。

（六）改革教学和学籍管理制度。

各高校要设置合理的创新创业学分，建立创新创业学分积累与转换制度，探索将学生开展创新实验、发表论文、获得专利和自主创业等情况折算为学分，将学生参与课题研究、项目实验等活动认定为课堂学习。为有意愿有潜质的学生制定创新创业能力培养计划，建立创新创业档案和成绩单，客观记录并量化评价学生开展创新创业活动情况。优先支持参与创新创业的学生转入相关专业学习。实施弹性学制，放宽学生修业年限，允许调整学业进程、保留学籍休学创新创业。设立创新创业奖学金，并在现有相关评优评先项目中拿出一定比例用于表彰优秀创新创业的学生。

（七）加强教师创新创业教育教学能力建设。

各地区、各高校要明确全体教师创新创业教育责任，完善专业技术职务评聘和绩效考核标准，加强创新创业教育的考核评价。配齐配强创新创业教育与创业就业指导专职教师队伍，并建立定期考核、淘汰制度。聘请知名科学家、创业成功者、企业家、风险投资人等各行各业优秀人才，担任专业课、创新创业课授课或指导教师，并制定兼职教师管理规范，形成全国万名优秀创新创业导师人才库。将提高高校教师创新创业教育的意识和能力作为岗前培训、课程轮训、骨干研修的重要内容，建立相关专业教师、创新创业教育专职教师到行业企业挂职锻炼制度。加快完善高校科技成果处置和收益分配机制，支持教师以对外转让、合作转化、作价入股、自主创业等形式将科技成果产业化，并鼓励带领学生创新创业。

（八）改进学生创业指导服务。

各地区、各高校要建立健全学生创业指导服务专门机构，做到"机构、人员、场地、经费"四到位，对自主创业学生实行持续帮扶、全程指导、一站式服务。健全持续化信息服务制度，完善全国大学生创业服务网功能，建立地方、高校两级信息服务平台，为学生实时提供国家政策、市场动向等信息，并做好创业项目对接、知识产权交易等服务。各地区、各有关部门要积极落实高校学生创业培训政策，研发适合学生特点的创业培训课程，建设网络培训平台。鼓励高校自主编制专项培训计划，或与有条件的教育培训机构、行业协会、群团组织、企业联合开发创业培训项目。各地区和具备条件的行业协会要针对区域需求、行业发展，发布创业项目指南，引导高校学生识别创业机会、捕捉创业商机。

（九）完善创新创业资金支持和政策保障体系。

各地区、各有关部门要整合发展财政和社会资金，支持高校学生创新创业活动。各高校要优化经费支出结构，多渠道统筹安排资金，支持创新创业教育教学，资助学生创新创业项目。部委属高校应按规定使用中央高校基本科研业务费，积极支持品学兼优且具有较强科研潜质的在校学生开展创新科研工作。中国教育发展基金会设立大学生创新创业教育奖励基金，用于奖励对创新创业教育作出贡献的单位。鼓励社会组织、公益团体、企事业单位和个人设立大学生创业风险基金，以多种形式向自主创业大学生提供资金支持，提高扶持资金使用效益。深入实施新一轮大学生创业引领计划，落实各项扶持政策和服务措施，重点支持大学生到新兴产业创业。有关部门要加快制定有利于互联网创业的扶持政策。

三、加强组织领导

（一）健全体制机制。

各地区、各高校要把深化高校创新创业教育改革作为"培养什么人，怎样培养人"的重要任务摆在突出位置，加强指导管理与监督评价，统筹推进本地本校创新创业教育工作。各地区要成立创新创业教育专家指导委员会，开展高校创新创业教育的研究、咨询、指导和服务。各高校要落实创新创业教育主体责任，把创新创业教育纳入改革发展重要议事日程，成立由校长任组长、分管校领导任副组长、有关部门负责人参加的创新创业教育工作领导小组，建立教务部门牵头，学生工作、团委等部门齐抓共管的创新创业教育工作机制。

（二）细化实施方案。

各地区、各高校要结合实际制定深化本地本校创新创业教育改革的实施方案，明确责任分工。教育部属高校需将实施方案报教育部备案，其他高校需报学校所在地省级教育部门和主管部门备案，备案后向社会公布。

（三）强化督导落实。

教育部门要把创新创业教育质量作为衡量办学水平、考核领导班子的重要指标，纳入高校教育教学评估指标体系和学科评估指标体系，引入第三方评估。把创新创业教育相关情况列入本科、高职高专、研究生教学质量年度报告和毕业生就业质量年度报告重点内容，接受社会监督。

（四）加强宣传引导。

各地区、各有关部门以及各高校要大力宣传加强高校创新创业教育的必要性、紧迫性、重要性，使创新创业成为管理者办学、教师教学、学生求学的理性认知与行动自觉。及时总结推广各地各高校的好经验好做法，选树学生创新创业成功典型，丰富宣传形式，培育创客文化，努力营造敢为人先、敢冒风险、宽容失败的氛围环境。

国务院办公厅
2015 年 5 月 4 日

附录5 《关于进一步做好新形势下就业创业工作的意见》

国发〔2015〕23号

各省、自治区、直辖市人民政府,国务院各部委、各直属机构:

就业事关经济发展和民生改善大局。党中央、国务院高度重视,坚持把稳定和扩大就业作为宏观调控的重要目标,大力实施就业优先战略,积极深化行政审批制度和商事制度改革,推动大众创业、万众创新,创业带动就业倍增效应进一步释放,就业局势总体稳定。但也要看到,随着我国经济发展进入新常态,就业总量压力依然存在,结构性矛盾更加凸显。大众创业、万众创新是富民之道、强国之举,有利于产业、企业、分配等多方面结构优化。面对就业压力加大形势,必须着力培育大众创业、万众创新的新引擎,实施更加积极的就业政策,把创业和就业结合起来,以创业创新带动就业,催生经济社会发展新动力,为促进民生改善、经济结构调整和社会和谐稳定提供新动能。现就进一步做好就业创业工作提出以下意见:

一、深入实施就业优先战略

(一)坚持扩大就业发展战略。把稳定和扩大就业作为经济运行合理区间的下限,将城镇新增就业、调查失业率作为宏观调控重要指标,纳入国民经济和社会发展规划及年度计划。合理确定经济增长速度和发展模式,科学把握宏观调控的方向和力度,以稳增长促就业,以鼓励创业就业带动经济增长。加强财税、金融、产业、贸易等经济政策与就业政策的配套衔接,建立宏观经济政策对就业影响评价机制。建立公共投资和重大项目建设带动就业评估机制，同等条件下对创造就业岗位多、岗位质量好的项目优先安排。

（二）发展吸纳就业能力强的产业。创新服务业发展模式和业态，支持发展商业特许经营、连锁经营，大力发展金融租赁、节能环保、电子商务、现代物流等生产性服务业和旅游休闲、健康养老、家庭服务、社会工作、文化体育等生活性服务业，打造新的经济增长点，提高服务业就业比重。加快创新驱动发展，推进产业转型升级，培育战略性新兴产业和先进制造业，提高劳动密集型产业附加值；结合实施区域发展总体战略，引导具有成本优势的资源加工型、劳动密集型产业和具有市场需求的资本密集型、技术密集型产业向中西部地区转移，挖掘第二产业就业潜力。推进农业现代化，加快转变农业发展方式，培养新型职业农民，鼓励有文化、有技术、有市场经济观念的各类城乡劳动者根据市场需求到农村就业创业。

（三）发挥小微企业就业主渠道作用。引导银行业金融机构针对小微企业经营特点和融资需求特征，创新产品和服务。发展政府支持的融资性担保机构和再担保机构，完善风险分担机制，为小微企业提供融资支持。落实支持小微企业发展的税收政策，加强市场监管执法和知识产权保护，对小微企业亟需获得授权的核心专利申请优先审查。发挥新型载体聚集发展的优势，引入竞争机制，开展小微企业创业创新基地城市示范，中央财政给予综合奖励。创新政府采购支持方式，消除中小企业享受相关优惠政策面临的条件认定、企业资质等不合理限制门槛。指导企业改善用工管理，对小微企业新招用劳动者，符合相关条件的，按规定给予就业创业支持，不断提高小微企业带动就业能力。

（四）积极预防和有效调控失业风险。落实调整失业保险费率政策，减轻企业和个人负担，稳定就业岗位。将失业保险基金支持企业稳岗政策实施范围由兼并重组企业、化解产能过剩企业、淘汰落后产能企业等三类企业扩大到所有符合条件的企业。生产经营困难企业可通过与职工进行集体协商，采取在岗培训、轮班工作、弹性工时、协商薪酬等办法不裁员或少裁员。对确实要裁员的，应制定人员安置方案，实施专项就业帮扶行动，妥善处理劳动关系和社会保险接续，促进失业人员尽快再就业。淘汰落后产能奖励资金、依据兼并重组政策规定支付给企业的土地补偿费要优先用于职工安置。完善失业监测预警机制,建立应对失业风险的就业应急预案。

二、积极推进创业带动就业

（五）营造宽松便捷的准入环境。深化商事制度改革,进一步落实注册资本登记制度改革,坚决推行工商营业执照、组织机构代码证、税务登记证"三证合一",年内出台推进"三证合一"登记制度改革意见和统一社会信用代码方案,实现"一照一码"。继续优化登记方式,放松经营范围登记管制,支持各地结合实际放宽新注册企业场所登记条件限制,推动"一址多照"、集群注册等住所登记改革,分行业、分业态释放住所资源。运用大数据加强对市场主体的服务和监管。依托企业信用信息公示系统,实现政策集中公示、扶持申请导航、享受扶持信息公示。建立小微企业目录,对小微企业发展状况开展抽样统计。推动修订与商事制度改革不衔接、不配套的法律、法规和政策性文件。全面完成清理非行政许可审批事项,再取消下放一批制约经济发展、束缚企业活力等含金量高的行政许可事项,全面清理中央设定、地方实施的行政审批事项,大幅减少投资项目前置审批。对保留的审批事项,规范审批行为,明确标准,缩短流程,限时办结,推广"一个窗口"受理、网上并联审批等方式。

（六）培育创业创新公共平台。抓住新技术革命和产业变革的重要机遇,适应创业创新主体大众化趋势,大力发展技术转移转化、科技金融、认证认可、检验检测等科技服务业,总结推广创客空间、创业咖啡、创新工场等新型孵化模式,加快发展市场化、专业化、集成化、网络化的众创空间,实现创新与创业、线上与线下、孵化与投资相结合,为创业者提供低成本、便利化、全要素、开放式的综合服务平台和发展空间。落实科技企业孵化器、大学科技园的税收优惠政策,对符合条件的众创空间等新型孵化机构适用科技企业孵化器税收优惠政策。有条件的地方可对众创空间的房租、宽带网络、公共软件等给予适当补贴,或通过盘活商业用房、闲置厂房等资源提供成本较低的场所。可在符合土地利用总体规划和城乡规划前提下,或利用原有经批准的各类园区,建设创业基地,为创业者提供服务,打造一批创业示范基地。鼓励企业由传统的管控型组织转型为新型创业平台,让员工成为平台上的创业者,形成市场主导、风投参与、企业孵化的创业生态系统。

(七)拓宽创业投融资渠道。运用财税政策,支持风险投资、创业投资、天使投资等发展。运用市场机制,引导社会资金和金融资本支持创业活动,壮大创业投资规模。按照政府引导、市场化运作、专业化管理的原则,加快设立国家中小企业发展基金和国家新兴产业创业投资引导基金,带动社会资本共同加大对中小企业创业创新的投入,促进初创期科技型中小企业成长,支持新兴产业领域早中期、初创期企业发展。鼓励地方设立创业投资引导等基金。发挥多层次资本市场作用,加快创业板等资本市场改革,强化全国中小企业股份转让系统融资、交易等功能,规范发展服务小微企业的区域性股权市场。开展股权众筹融资试点,推动多渠道股权融资,积极探索和规范发展互联网金融,发展新型金融机构和融资服务机构,促进大众创业。

(八)支持创业担保贷款发展。将小额担保贷款调整为创业担保贷款,针对有创业要求、具备一定创业条件但缺乏创业资金的就业重点群体和困难人员,提高其金融服务可获得性,明确支持对象、标准和条件,贷款最高额度由针对不同群体的 5 万元、8 万元、10 万元不等统一调整为 10 万元。鼓励金融机构参照贷款基础利率,结合风险分担情况,合理确定贷款利率水平,对个人发放的创业担保贷款,在贷款基础利率基础上上浮 3 个百分点以内的,由财政给予贴息。简化程序,细化措施,健全贷款发放考核办法和财政贴息资金规范管理约束机制,提高代偿效率,完善担保基金呆坏账核销办法。

(九)加大减税降费力度。实施更加积极的促进就业创业税收优惠政策,将企业吸纳就业税收优惠的人员范围由失业一年以上人员调整为失业半年以上人员。高校毕业生、登记失业人员等重点群体创办个体工商户、个人独资企业的,可依法享受税收减免政策。抓紧推广中关村国家自主创新示范区税收试点政策,将职工教育经费税前扣除试点政策、企业转增股本分期缴纳个人所得税试点政策、股权奖励分期缴纳个人所得税试点政策推广至全国范围。全面清理涉企行政事业性收费、政府性基金、具有强制垄断性的经营服务性收费、行业协会商会涉企收费,落实涉企收费清单管理制度和创业负担举报反馈机制。

（十）调动科研人员创业积极性。探索高校、科研院所等事业单位专业技术人员在职创业、离岗创业有关政策。对于离岗创业的，经原单位同意，可在3年内保留人事关系，与原单位其他在岗人员同等享有参加职称评聘、岗位等级晋升和社会保险等方面的权利。原单位应当根据专业技术人员创业的实际情况，与其签订或变更聘用合同，明确权利义务。加快推进中央级事业单位科技成果使用、处置和收益管理改革试点政策推广。鼓励利用财政性资金设立的科研机构、普通高校、职业院校，通过合作实施、转让、许可和投资等方式，向高校毕业生创设的小微企业优先转移科技成果。完善科技人员创业股权激励政策，放宽股权奖励、股权出售的企业设立年限和盈利水平限制。

（十一）鼓励农村劳动力创业。支持农民工返乡创业，发展农民合作社、家庭农场等新型农业经营主体，落实定向减税和普遍性降费政策。依托现有各类园区等存量资源，整合创建一批农民工返乡创业园，强化财政扶持和金融服务。将农民创业与发展县域经济结合起来，大力发展农产品加工、休闲农业、乡村旅游、农村服务业等劳动密集型产业项目，促进农村一二三产业融合。依托基层就业和社会保障服务设施等公共平台，提供创业指导和服务。鼓励各类企业和社会机构利用现有资源，搭建一批农业创业创新示范基地和见习基地，培训一批农民创业创新辅导员。支持农民网上创业，大力发展"互联网＋"和电子商务，积极组织创新创业农民与企业、小康村、市场和园区对接，推进农村青年创业富民行动。

（十二）营造大众创业良好氛围。支持举办创业训练营、创业创新大赛、创新成果和创业项目展示推介等活动，搭建创业者交流平台，培育创业文化，营造鼓励创业、宽容失败的良好社会氛围，让大众创业、万众创新蔚然成风。对劳动者创办社会组织、从事网络创业符合条件的，给予相应创业扶持政策。推进创业型城市创建，对政策落实好、创业环境优、工作成效显著的，按规定予以表彰。

三、统筹推进高校毕业生等重点群体就业

（十三）鼓励高校毕业生多渠道就业。把高校毕业生就业摆在就业

工作首位。完善工资待遇进一步向基层倾斜的办法，健全高校毕业生到基层工作的服务保障机制，鼓励毕业生到乡镇特别是困难乡镇机关事业单位工作。对高校毕业生到中西部地区、艰苦边远地区和老工业基地县以下基层单位就业、履行一定服务期限的，按规定给予学费补偿和国家助学贷款代偿。结合政府购买服务工作的推进，在基层特别是街道（乡镇）、社区（村）购买一批公共管理和社会服务岗位，优先用于吸纳高校毕业生就业。对小微企业新招用毕业年度高校毕业生，签订1年以上劳动合同并缴纳社会保险费的，给予1年社会保险补贴。落实完善见习补贴政策，对见习期满留用率达到50%以上的见习单位，适当提高见习补贴标准。将求职补贴调整为求职创业补贴，对象范围扩展到已获得国家助学贷款的毕业年度高校毕业生。深入实施大学生创业引领计划、离校未就业高校毕业生就业促进计划，整合发展高校毕业生就业创业基金，完善管理体制和市场化运行机制，实现基金滚动使用，为高校毕业生就业创业提供支持。积极支持和鼓励高校毕业生投身现代农业建设。对高校毕业生申报从事灵活就业的，按规定纳入各项社会保险，各级公共就业人才服务机构要提供人事、劳动保障代理服务。技师学院高级工班、预备技师班和特殊教育院校职业教育类毕业生可参照高校毕业生享受相关就业补贴政策。

（十四）加强对困难人员的就业援助。合理确定就业困难人员范围，规范认定程序，加强实名制动态管理和分类帮扶。坚持市场导向，鼓励其到企业就业、自主创业或灵活就业。对用人单位招用就业困难人员，签订劳动合同并缴纳社会保险费的，在一定期限内给予社会保险补贴。对就业困难人员灵活就业并缴纳社会保险费的，给予一定比例的社会保险补贴。对通过市场渠道确实难以实现就业的，可通过公益性岗位予以托底安置，并给予社会保险补贴及适当岗位补贴。社会保险补贴和岗位补贴期限最长不超过3年，对初次核定享受补贴政策时距退休年龄不足5年的人员，可延长至退休。规范公益性岗位开发和管理，科学设定公益性岗位总量，适度控制岗位规模，制定岗位申报评估办法，严格按照法律规定安排就业困难人员，不得用于安排非就业困难人员。加强对就业困难人员在岗情况的管理和工作考核，建立定期核查机制，完善就业困难人员享受扶持政策期满退出办法，做好退出后的政策衔接和就业服务。依法大力推进残疾人按比例就业，加大对用人单位安置残疾人的补贴和奖励力度，建立用人单位按比例安排残疾人就业公示制度。加快完善残疾人集中就业单位扶持政策，推进残疾人辅助性就业和灵活就业。加大对困难人员就业援助力度，确保零就业家庭、最低生活保障家庭等困难家庭至少有一人就业。对就业困难人员较集中的地区，上级政府要强化帮扶责任，加大产业、项目、资金、人才等支持力度。

（十五）推进农村劳动力转移就业。结合新型城镇化建设和户籍制度改革，建立健全城乡劳动者平等就业制度，进一步清理针对农民工就业的歧视性规定。完善职业培训、就业服务、劳动维权"三位一体"的工作机制，加强农民工输出输入地劳务对接，特别是对劳动力资源较为丰富的老少边穷地区，充分发挥各类公共就业服务机构和人力资源服务机构作用，积极开展有组织的劳务输出，加强对转移就业农民工的跟踪服务，有针对性地帮助其解决实际困难，推进农村富余劳动力有序外出就业和就地就近转移就业。做好被征地农民就业工作，在制定征地补偿安置方案时，要明确促进被征地农民就业的具体措施。

（十六）促进退役军人就业。扶持自主择业军转干部、自主就业退役士兵就业创业，落实各项优惠政策，组织实施教育培训，加强就业指导和服务，搭建就业创业服务平台。对符合政府安排工作条件的退役士官、义务兵，要确保岗位落实，细化完善公务员招录和事业单位招聘时同等条件优先录用（聘用），以及国有、国有控股和国有资本占主导地位企业按比例预留岗位择优招录的措施。退役士兵报考公务员、应聘事业单位职位的，在军队服现役经历视为基层工作经历，服现役年限计算为工作年限。调整完善促进军转干部及随军家属就业税收政策。

四、加强就业创业服务和职业培训

（十七）强化公共就业创业服务。健全覆盖城乡的公共就业创业服务体系，提高服务均等化、标准化和专业化水平。完善公共就业服务体系的创业服务功能，充分发挥公共就业服务、中小企业服务、高校毕业生就业指导等机构的作用，为创业者提供项目开发、开业指导、融资服务、跟踪扶持等服务，创新服务内容和方式。健全公共就业创业服务经费保障机制，切实将县级以上公共就业创业服务机构和县级以下（不含县级）基层公共就业创业服务平台经费纳入同级财政预算。将职业介绍补贴和扶持公共就业服务补助合并调整为就业创业服务补贴，支持各地按照精准发力、绩效管理的原则，加强公共就业创业服务能力建设，向社会力量购买基本就业创业服务成果。创新就业创业服务供给模式，形成多元参与、公平竞争格局，提高服务质量和效率。

（十八）加快公共就业服务信息化。按照统一建设、省级集中、业务协同、资源共享的原则，逐步建成以省级为基础、全国一体化的就业信息化格局。建立省级集中的就业信息资源库，加强信息系统应用，实现就业管理和就业服务工作全程信息化。推进公共就业信息服务平台建设，实现各类就业信息统一发布，健全全国就业信息监测平台。推进就业信息共享开放，支持社会服务机构利用政府数据开展专业化就业服务，推动政府、社会协同提升公共就业服务水平。

（十九）加强人力资源市场建设。加快建立统一规范灵活的人力资源市场，消除城乡、行业、身份、性别、残疾等影响平等就业的制度障碍和就业歧视，形成有利于公平就业的制度环境。健全统一的市场监管体系，推进人力资源市场诚信体系建设和标准化建设。加强对企业招聘行为、职业中介活动的规范，及时纠正招聘过程中的歧视、限制及欺诈等行为。建立国有企事业单位公开招聘制度，推动实现招聘信息公开、过程公开和结果公开。加快发展人力资源服务业，规范发展人事代理、人才推荐、人员培训、劳务派遣等人力资源服务，提升服务供给能力和水平。完善党政机关、企事业单位、社会各方面人才顺畅流动的制度体系。

（二十）加强职业培训和创业培训。顺应产业结构迈向中高端水平、缓解就业结构性矛盾的需求，优化高校学科专业结构，加快发展现代职业教育，大规模开展职业培训，加大创业培训力度。利用各类创业培训资源，开发针对不同创业群体、创业活动不同阶段特点的创业培训项目，把创新创业课程纳入国民教育体系。重点实施农民工职业技能提升和失业人员转业转岗培训，增强其就业创业和职业转换能力。尊重劳动者培训意愿，引导劳动者自主选择培训项目、培训方式和培训机构。发挥企业主体作用，支持企业以新招用青年劳动者和新转岗人员为重点开展新型学徒制培训。强化基础能力建设,创新培训模式,建立高水平、专兼职的创业培训师资队伍,提升培训质量,落实职业培训补贴政策,合理确定补贴标准。推进职业资格管理改革,完善有利于劳动者成长成才的培养、评价和激励机制,畅通技能人才职业上升通道,推动形成劳动、技能等要素按贡献参与分配的机制,使技能劳动者获得与其能力业绩相适应的工资待遇。

(二十一)建立健全失业保险、社会救助与就业的联动机制。进一步完善失业保险制度,充分发挥失业保险保生活、防失业、促就业的作用,鼓励领取失业保险金人员尽快实现就业或自主创业。对实现就业或自主创业的最低生活保障对象,在核算家庭收入时,可以扣减必要的就业成本。

(二十二)完善失业登记办法。在法定劳动年龄内、有劳动能力和就业要求、处于无业状态的城镇常住人员,可以到常住地的公共就业服务机构进行失业登记。各地公共就业服务机构要为登记失业的各类人员提供均等化的政策咨询、职业指导、职业介绍等公共就业服务和普惠性就业政策,并逐步使外来劳动者与当地户籍人口享有同等的就业扶持政策。将《就业失业登记证》调整为《就业创业证》,免费发放,作为劳动者享受公共就业服务及就业扶持政策的凭证。有条件的地方可积极推动社会保障卡在就业领域的应用。

五、强化组织领导

(二十三)健全协调机制。县级以上人民政府要加强对就业创业工作的领导,把促进就业创业摆上重要议程,健全政府负责人牵头的就业创业工作协调机制,加强就业形势分析研判,落实完善就业创业政策,协调解决重点难点问题,确保各项就业目标完成和就业局势稳定。有关部门要增强全局意识,密切配合,尽职履责。进一步发挥各人民团体以及其他社会组织的作用,充分调动社会各方促进就业创业积极性。

(二十四)落实目标责任制。将就业创业工作纳入政绩考核,细化目标任务、政策落实、就业创业服务、资金投入、群众满意度等指标,提高权重,并层层分解,督促落实。对在就业创业工作中取得显著成绩的单位和个人，按国家有关规定予以表彰奖励。有关地区不履行促进就业职责，造成恶劣社会影响的，对当地人民政府有关负责人及具体责任人实行问责。

（二十五）保障资金投入。各级人民政府要根据就业状况和就业工作目标，在财政预算中合理安排就业相关资金。按照系统规范、精简效能的原则，明确政府间促进就业政策的功能定位，严格支出责任划分。进一步规范就业专项资金管理，强化资金预算执行和监督，开展资金使用绩效评价，着力提高就业专项资金使用效益。

（二十六）建立健全就业创业统计监测体系。健全就业统计指标，完善统计口径和统计调查方法，逐步将性别等指标纳入统计监测范围，探索建立创业工作统计指标。进一步加强和完善全国劳动力调查制度建设，扩大调查范围，增加调查内容。强化统计调查的质量控制。加大就业统计调查人员、经费和软硬件等保障力度，推进就业统计调查信息化建设。依托行业组织，建立健全行业人力资源需求预测和就业状况定期发布制度。

（二十七）注重舆论引导。坚持正确导向，加强政策解读，及时回应社会关切，大力宣传促进就业创业工作的经验做法，宣传劳动者自主就业、自主创业和用人单位促进就业的典型事迹，引导全社会共同关心和支持就业创业工作，引导高校毕业生等各类劳动者转变观念，树立正确的就业观，大力营造劳动光荣、技能宝贵、创造伟大的时代风尚。

各地区、各部门要认真落实本意见提出的各项任务，结合本地区、本部门实际，创造性地开展工作，制定具体方案和配套政策，同时要切实转变职能，简化办事流程，提高服务效率，确保各项就业创业政策措施落实到位，以稳就业惠民生促进经济社会平稳健康发展。

国务院
2015 年 4 月 27 日

附录6 《关于在各级各类学校推动培育和践行社会主义核心价值观长效机制建设的意见》

教党〔2014〕40号

各省、自治区、直辖市党委教育工作部门、教育厅（教委）、团委，新疆生产建设兵团教育局、团委，教育部直属各高等学校党委，中国青年政治学院党委：

为深入贯彻党的十八大、十八届三中全会和习近平总书记系列重要讲话精神，落实中央《关于培育和践行社会主义核心价值观的意见》（中办发〔2013〕24号），深入持久、扎实细致地推进社会主义核心价值观培育践行工作长效化常态化科学化，现就在各级各类学校推动培育和践行社会主义核心价值观长效机制建设提出以下意见。

一、推动培育和践行社会主义核心价值观长效机制建设的重要意义、指导思想和主要原则

1. 充分认识培育和践行社会主义核心价值观长效机制建设的重要意义。社会主义核心价值观是我们党凝聚全党全社会价值共识作出的重要论断，积极培育和践行社会主义核心价值观是学校落实立德树人根本任务的核心要求。近年来，各地各校和共青团组织将培育和践行社会主义核心价值观作为重要任务，从认知、践行、传播、引领等环节入手，开展了主题鲜明、形式多样的教育实践活动，取得了积极进展。同时要看到，面对世界范围思想文化交流交融交锋形势下价值观较量的新态势，面对改革开放和发展社会主义市场经济条件下思想意识多元多样多

变的新特点，抓好青少年价值观教育养成的任务十分艰巨而紧迫。将培育和践行社会主义核心价值观作为一项长期性系统性工作，不断创新方式方法、探索有效形式、形成长效机制，对于深化教育领域综合改革，培育德智体美全面发展的社会主义建设者和接班人，实现中华民族伟大复兴中国梦具有十分重要的意义。

2. 在学校推动培育和践行社会主义核心价值观长效机制建设的指导思想是：高举中国特色社会主义伟大旗帜，以邓小平理论、"三个代表"重要思想、科学发展观为指导，贯彻落实习近平总书记系列重要讲话精神，紧紧围绕"倡导富强、民主、文明、和谐，倡导自由、平等、公正、法治，倡导爱国、敬业、诚信、友善"，紧紧围绕立德树人根本任务，综合运用教育教学、实践养成、文化熏陶、制度保障、研究宣传等方式，重点在"融入"上下功夫，把社会主义核心价值观纳入国民教育全过程，落实到教育教学和管理服务各环节，覆盖到所有学校和受教育者，形成培育和践行社会主义核心价值观工作长效机制，使广大师生自觉将社会主义核心价值观内化于心、外化于行。

3. 在学校推动培育和践行社会主义核心价值观长效机制建设的主要原则是：坚持系统规划，整体推进，不断完善培育和践行社会主义核心价值观的顶层设计；坚持分类指导，重点突破，形成可示范可引领可推广的工作动力系统、激励机制和实践模式；坚持落细落小落实，形成广大师生日常行为准则，增强自觉奉行和践行能力；坚持继承创新，善于运用青少年喜闻乐见的方式，推进理念创新、方法创新，注重总结凝练基层创新的经验和智慧，增强工作针对性实效性。

二、推动社会主义核心价值观融入教育教学

4. 研制中国学生发展核心素养体系。明确学生适应终身发展和社会发展需要的必备品格和关键能力，系统落实社会主义核心价值观的要求。依据学生发展核心素养体系，建立和完善各学段、各学科课程教学有关标准，根据标准调整课程教材，构建各级学校有机衔接的课程教材体系。

5. 修订德育、语文、历史教材。充分发挥基础教育课程教材专家

咨询委员会、专家工作委员会和全国职业教育教材审定委员会作用，组织开展义务教育和中等职业教育德育、语文、历史教材的编写、修订和审查。根据中小学生身心发展规律和年龄特征，系统完善地落实国家主权意识、社会主义核心价值观、中华优秀传统文化、民族团结教育等内容，融入课程标准、教材编写、考试评价之中。

6. 实施高校课程体系和教育教学创新计划。整体推进教材、教师、教学、评价、学科、保障等方面综合改革创新，发掘各学科思想政治教育资源，不断提高课堂开展社会主义核心价值观教育的实效性。结合马克思主义理论研究和建设工程实施，丰富社会主义核心价值观教育的内容。促进社会主义核心价值观融入专业课程教学，打造由思想政治理论课、专业课程、社会实践、网络教学等构成的教育教学体系。

三、推动社会主义核心价值观融入社会实践

7. 建立完善师生志愿服务体系。成立全国和地方公益性教师志愿服务组织，协调指导教师志愿者开展活动，着眼于服务好教育系统这个大任务，逐步向服务社会延伸。制订实施《学生志愿服务管理办法》，建立健全学生志愿服务工作体系、评价体系和保障体系，推动学雷锋志愿服务常态化。

8. 实施"实践育人共同体建设计划"。促进政府、学校、企业、社会等按照"目标共同、机制共建、资源共享、责任共担"原则建立实践育人共同体，整合各方资源、发挥集聚效应、推进深度融合，实现实践育人规范化管理、常态化服务、品牌化培育、项目化配置、信息化支撑、社会化运作。通过共同体建设，为学生实践搭建平台，提升学生创新实践能力，深化学生对社会主义核心价值观的理解和认识。

9. 深化主题社会实践和志愿公益活动。组建社会主义核心价值观"大学生讲师团"，结合大学生实习基地建设和农村（社区）基层党校建设，建立讲师团定点合作单位，构建覆盖广大农村、城镇的网络阵地，向基层群众宣讲社会主义核心价值观。深化暑期"三下乡"等社会实践活动，积极开展社会调查、文艺演出、公益服务等。组织学生利用节假日、纪念日及课余时间，走进学校周边社区和群众，长期化开展扶贫济

困、应急救援、大型活动、环境保护等方面的志愿公益活动。

四、推动社会主义核心价值观融入文化育人

10. 创新主题教育活动形成校园文化品牌。编写传唱社会主义核心价值观童谣诗歌，通过定期征集、教唱、展示、评比等环节，使学生熟记社会主义核心价值观 24 个字。开学初集中开展"社会主义核心价值观宣传周"活动，组织报告会、分享会等形式多样的宣传教育活动。开展"我为核心价值观代言"活动，组织动员学生结合自身经历，以文字、图片、视频、动漫、微电影等方式表达对社会主义核心价值观的理解感悟。形成"爱学习、爱劳动、爱祖国""节粮、节水、节电"活动长效机制，促进"奋斗的青春最美丽""与信仰对话""与人生对话""彩虹人生""文明风采"等品牌活动长期化开展。深化实施"青年马克思主义者培养工程"，充分发挥大学生骨干的示范导向作用。

11. 加强优秀传统文化和传统美德教育。在日常教育管理中积极融入中华优秀传统文化和传统美德教育，抓住民族传统节日等契机，开展经典诵读、知识竞赛等活动；组织学生积极参与"全国大学生道德实践成果网络巡礼""道德模范进校园""礼敬中华优秀传统文化"系列活动。结合学校地缘优势和历史、文化、革命传统，开展形式多样的教育实践活动，以"校训""校歌"等为载体，通过讲故事、谈人物等方式，深入挖掘其蕴含的历史文化积淀，增强学生文化自信和价值观自信。加强民族传统体育项目、艺术形式的宣传推广，发挥体育综合育人功能，通过体育竞赛、艺术展演等形式，激励学生强健体魄、磨练意志、全面发展，自觉践行社会主义核心价值观。

12. 充分利用现有平台繁荣校园文艺创作。继续抓好高雅艺术进校园、全国大中小学生艺术展演、创建中华优秀文化艺术传承学校等活动，不断提升活动的审美和人文品质，使之成为宣传社会主义核心价值观的有力阵地。激发师生自主创作能力，打造一批以爱国将领、革命英雄、科学先驱、道德模范、敬业典型、志愿服务标兵等为原型的歌舞剧、话剧，组织推动校内、校外巡演。创作一批以弘扬社会主义核心价值观为主题的诗歌、散文、歌曲、动漫、视频、微电影、公益广告等文

化作品，建立社会主义核心价值观优秀文化作品资源库，分学段、分层次地在大中小学进行展演、展映、展播。

13. 选树传颂"校园好故事""校园好声音"。发掘身边好人好事，开展践行社会主义核心价值观先进个人寻访、优秀集体创建和校歌、班歌征集与宣传活动。以"校园好故事""校园好声音""校园好集体"等主题活动为载体，选树在热爱祖国、敬业奉献、勤奋学习、志愿服务、热心助人、见义勇为、诚实守信、孝老爱亲等方面表现突出的青少年学生楷模以及优秀班团集体。以先进事迹报告会、主题巡讲、歌咏、朗诵比赛、视频展播等形式，大力宣传校园好人好事，营造崇德向善、见贤思齐的浓厚氛围。遴选一批与社会主义核心价值观高度契合的校歌、班歌，深入挖掘校歌、班歌传递的价值内涵和文化底蕴，并通过各类媒体平台进行传播。

五、推动社会主义核心价值观融入制度建设

14. 完善学校规章制度。按照社会主义核心价值观的基本要求，推进现代学校制度建设，完善学校规章制度。完善教师管理规定、学生守则公约等师生行为准则，使社会主义核心价值观成为学校生活的基本遵循。建立和规范学校礼仪制度，丰富升国旗仪式、成人仪式、入党入团入队入学仪式等典礼的内涵，强化仪式庄严感和教育意义。将社会主义核心价值观作为学校基层党团组织主题生活会、党团日、班会的重要内容。

15. 探索建设学生诚信档案。建立健全大学生诚信档案，签订学生校园诚信承诺书，涵盖学业诚信、学术诚信、经济诚信、就业诚信等内容，将诚信档案作为大学生思想政治教育测评的重要依据。加大对失信行为的约束和惩戒力度。构建各学段有机衔接的信用约束机制，分层推进诚信档案建设。

16. 落实师德建设长效机制。把社会主义核心价值观纳入教师教育课程体系，融入教师职前培养准入、职后培训管理全过程。全面落实《关于建立健全中小学师德建设长效机制的意见》和《关于建立健全高校师德建设长效机制的意见》，创新师德教育，加强师德宣传、健全师

德考核、强化师德监督、注重师德激励、严格师德惩处，推动广大教师坚定理想信念、遵守职业道德、承担育人职责、永怀仁爱之心。充分激发教师加强师德建设的自觉性，鼓励教师弘扬重内省、重慎独的优良传统，在细微处见师德，在日常中守师德，养成师德自律习惯，将师德规范积极主动融入教育教学、科学研究和服务社会的实践中，提高师德践行能力。

六、加强组织领导，推进社会主义核心价值观研究传播

17. 强化工作保障。各地各校要建立健全社会主义核心价值观培育践行工作机制，明确领导责任制，切实加强组织领导、具体指导和督促检查，把落实社会主义核心价值观长效机制建设情况以及取得的实际效果作为干部考核考评和思想政治教育工作测评的重要指标。各地各校要结合实际，独立形成符合自身特色、文化传统和师生情况的培育理念、工作思路和践行机制，制订、实施切实可行的工作纲要、计划和举措。根据职责任务，在经费、人员以及信息技术手段等方面提供必要保障。

18. 深入开展理论研究。充分发挥教育系统特别是高校理论研究优势，在教育部人文社会科学研究、共青团和青少年工作等课题和项目中设立"社会主义核心价值观培育和践行"研究专项，重点支持相关课题研究、学术研讨、著作出版，系统研究社会主义核心价值观的历史渊源、重大意义、科学内涵、基本要素和实践途径，为培育和践行社会主义核心价值观提供理论基础和学理支撑。

19. 发挥新媒体传播作用。充分发挥网络新媒体优势，围绕中国特色社会主义、中国梦等主题，线上线下相结合，开展网络主题教育活动，扩大社会主义核心价值观网上宣传的覆盖面和影响力。建设好使用好网络平台，加强中国大学生在线、中国青年网、未来网、"易班"网、校园和各级共青团组织公共微博、微信等平台建设，向师生定期推送电子报刊、校园信息，宣传报道践行社会主义核心价值观的典型人物和事迹，产生可敬、可亲、可学的示范效应。发挥新媒体互动交流功能，发挥专家学者、辅导员、共青团网络宣传员队伍作用，增强设置议题和主动发声能力，引领师生思潮，促进社会主义核心价值观网络化传播。

20. 积极推动工作创新。积极探索新思路、新方法、新举措，重视和加强对工作全局性、前瞻性、规律性问题的研究，增强工作针对性、创新性和实效性，推动工作创新发展。不断总结好经验好做法，通过召开工作经验交流会、座谈研讨会等方式，研究、总结、推广培育和践行社会主义核心价值观的理论和实践成果，形成各地各校培育践行社会主义核心价值观整体推进的良好态势。

中共教育部党组　共青团中央
2014 年 10 月 17 日

参考文献

艾军，邹金成，罗二平，等. 论高校思想政治教育与大学生创新创业教育的有机融合［J］. 思想理论教育导刊，2014（12）.

鲍艳红. 社会主义核心价值体系下的大学生创业价值观研究［D］. 武汉理工大学，2013.

曾丹. 社会主义核心价值观融入大学生创业伦理培育全过程研究［D］. 东北师范大学，2018.

陈艳梅，都三强，杨萍，等. 社会主义核心价值观融入创新创业教育研究［J］. 教育观察，2019，8（07）.

程波，纪一鹏，李洋颀. 大学生创新创业成果评价机制探究——以北京航空航天大学为例［J］. 北京航空航天大学学报（社会科学版），2017，30（06）.

崔丽英，姜春媛. 应用型本科高校创新创业教育质量保障体系构建的思考［J］. 湖北经济学院学报（人文社会科学版），2020，17（02）.

刁惠婷. 思想政治教育在我国高校创新创业教育中的作用研究［D］. 广州中医药大学，2018.

范强威. 论"中国模式"的社会主义价值核心［J］. 马克思主义研究，2006（02）.

方怡君. 论思想政治教育与创新创业理念的价值互鉴［J］. 现代交际，2020（07）.

傅春长. 浅谈高校思政教育与创新创业型人才培养的有效融合路径——评《高校思想政治教育和创新创业教育协同育人研究》［J］. 中国党政干部论坛，2020（05）.

傅晓亮. 校企协同创新创业人才培养体系的构建及其保障机制研究

[J]. 科技资讯，2015，13（27）.

耿广汉，何华奇，宗晓蕾. "双创"背景下应用型高校创业教育教师胜任力提升研究［J］. 山东农业工程学院学报，2018（02）.

郭必裕. 开展创新教育是培育创业人才的基础［J］. 煤炭高等教育，2002（06）.

郭显光. 熵值法及其在综合评价中的应用［J］. 财贸研究，1994（06）.

何茂昌. 社会主义核心价值观融入高校创新创业教育机制研究［J］. 创新创业理论研究与实践，2018，1（12）.

黄登良. 论社会主义核心价值观教育与创新创业教育的双向融合［J］. 高校后勤研究，2018（01）.

黄兆信，曾尔雷，施永川. 美国创业教育中的合作：理念、模式及其启示［J］. 高等教育研究，2010（04）.

孔庆书，刘朝英，高文海，等. 创业教育进入高校第二课堂活动体系的探索［J］. 河北科技大学学报（社会科学版），2005（02）.

李刚，刘树伟，石晶，等. 项目驱动下的大学生创新创业教育探索与实践［J］. 辽宁工业大学学报（社会科学版），2017（06）.

李晚晴. 大学生就业创业教育中社会主义核心价值观的引导作用研究［J］. 科技资讯，2019，17（20）.

李艳艳. 高校思想政治教育与大学生创新创业教育的有机融合探讨［J］. 法制与社会，2020（10）.

林光科，杨颖. 社会主义核心价值观与高职创新创业教育融合理论研究［J］. 当代教育实践与教学研究，2020（09）.

刘芳. 高校思想政治教育与创新创业教育有效融合研究［J］. 农家参谋，2020（06）.

刘菲菲. 大学生创业教育的思想政治教育价值研究［D］. 安徽工程大学，2018.

刘利娟. 新时代社会主义核心价值观教育融入高校学生党建工作的路径研究［J］. 大学教育，2020（07）.

刘武. 高校思想政治教育和双创教育协同育人的策略研究［J］. 安徽工业大学学报（社会科学版），2018，35（05）.

刘晓泉，李丹，李雯，等. 基于社会主义核心价值观的医学生伦理价值观评价指标体系构建［J］. 卫生职业教育，2020，38（06）.

罗兰. 高校创新创业教育评价体系构建策略研究［D］. 东北师范大学，2018.

彭楚钧. "互联网＋"创新创业园区建设——构建政、行、企、校协同育人模式［J］. 现代经济信息，2017（16）.

彭楚钧. 大数据背景下"互联网＋"创新教育人才培养模式研究［J］. 中国商论，2016（27）.

彭楚钧. 基于翻转课堂的企业网络营销创新型人才培养［J］. 商场现代化，2015（29）.

彭继华. 论创业教育——我国高校理想信念教育新领域［D］. 华中师范大学，2007.

邱仙艺. 思想政治教育视角下大学生创新创业教育研究［D］. 闽南师范大学，2018.

任拓. 论核心价值观指导下的大学生创业教育［D］. 中南大学，2012.

商光美. 创业教育视野下的大学生思想政治教育创新［J］. 思想教育研究，2011（05）.

宋妍，王占仁. 试论思想政治教育对创新创业教育的价值引领［J］. 思想政治教育研究，2017（03）.

宋妍，王占仁. 高校创新创业教育与思想政治教育关系研究的意义与现状［J］. 黑龙江高教研究，2016（08）.

宋妍. 高校创新创业教育与思想政治教育关系研究［D］. 东北师范大学，2017.

孙武安. 论中国特色社会主义的核心价值［J］. 毛泽东邓小平理论研究，2006（06）.

汤慧. 以社会主义核心价值观引领当代大学生就业观研究［D］. 浙江理工大学，2018.

田慧颖. 社会主义核心价值观融入高校创业教育路径研究［D］. 渤海大学，2018.

王超. "互联网＋"创新创业大赛与大学生思想政治教育的作用关

系［J］. 公关世界，2020（06）.

王海玥，焦琳致. 基于层次分析法和熵值法对高铁站选址的研究［J］. 中国集体经济，2020（04）.

王楠楠. 高职院校创新创业教育与思想政治教育协同育人的实践模式研究［J］. 花炮科技与市场，2020（02）.

王文利，白向宁. 新形势下大学生理想信念教育的境遇及方式探求［J］. 思想教育研究，2006（04）.

王占仁，孔洁珺. 中国高校创新创业价值观教育研究［J］. 国家教育行政学院学报，2019（10）.

王占仁，吴晓庆. 创新创业教育对大学生思想政治教育的重要贡献论析［J］. 思想教育研究，2016（08）.

吴嘉妮. 思想政治教育视域下大学生创新创业教育研究［D］. 吉林财经大学，2018.

肖贵清，武传鹏. 社会主义核心价值观融入高校思想政治理论课的重要意义及其路径［J］. 思想教育研究，2017（03）.

徐纯正. 论思想政治教育与创新创业教育的协同作用［J］. 学校党建与思想教育，2020（10）.

薛向东，李斯，樊庆山. 高校思想政治教育与大学生创新创业教育的有机融合［J］. 产业与科技论坛，2017（20）.

闫清波，陈章政. 以社会主义核心价值观为理论依据的高校思想政治教育工作创新［J］. 教育教学论坛，2018（24）.

杨雪梅. 社会主义核心价值观视角下的高校思政教育［J］. 教育教学论坛，2019（50）.

余伟. "社会主义核心价值观"管窥［J］. 理论导报，2009（12）.

张洁，马谨，窦艳芬，等. 浅析高校创新创业教育与思想政治教育融合路径研究［J］. 当代教育实践与教学研究，2020（05）.

张磊. 高校创新社会主义核心价值观教育新途径研究［J］. 邢台职业技术学院学报，2017，34（03）.

张天华，张国威. 社会主义核心价值观融入高校创业教育机制探究［J］. 辽宁工业大学学报（社会科学版），2019，21（05）.

张威. 思想政治教育融入高校创业教育研究［D］. 长江大

学，2019.

张向前. 大学生思想政治教育与创业教育结合的必要性和可行性分析［J］. 思想教育研究，2015（04）.

张秀峰，陈士勇. 大学生创新创业教育现状调查与思考——基于北京市31所高校的实证调查［J］. 中国青年社会科学，2017（03）.

张政. 思想政治教育视域下深化高职院校创新创业教育改革研究［J］. 中国职业技术教育，2015（36）.

赵伟卓. 校企协同创新创业人才培养体系的构建及其保障机制研究［J］. 教育现代化，2019，6（54）.

赵莹. 高校创新创业教育中思想政治教育的渗透［J］. 山东农业工程学院学报，2020，37（04）.

周文军，张鑫. 高校思想政治教育实践育人创新研究［J］. 戏剧之家，2020（16）.

朱娟丽. 社会主义核心价值观融入高校思政教育教学创新研究［J］. 福建茶叶，2020，42（03）.

朱喜安，魏国栋. 熵值法中无量纲化方法优良标准的探讨［J］. 统计与决策，2015（02）.

左雪松，夏道玉. 论创业教育对当代大学生思想政治教育的传承、纠偏与拓展［J］. 河南工业大学学报（社会科学版），2013（01）.